JN363336

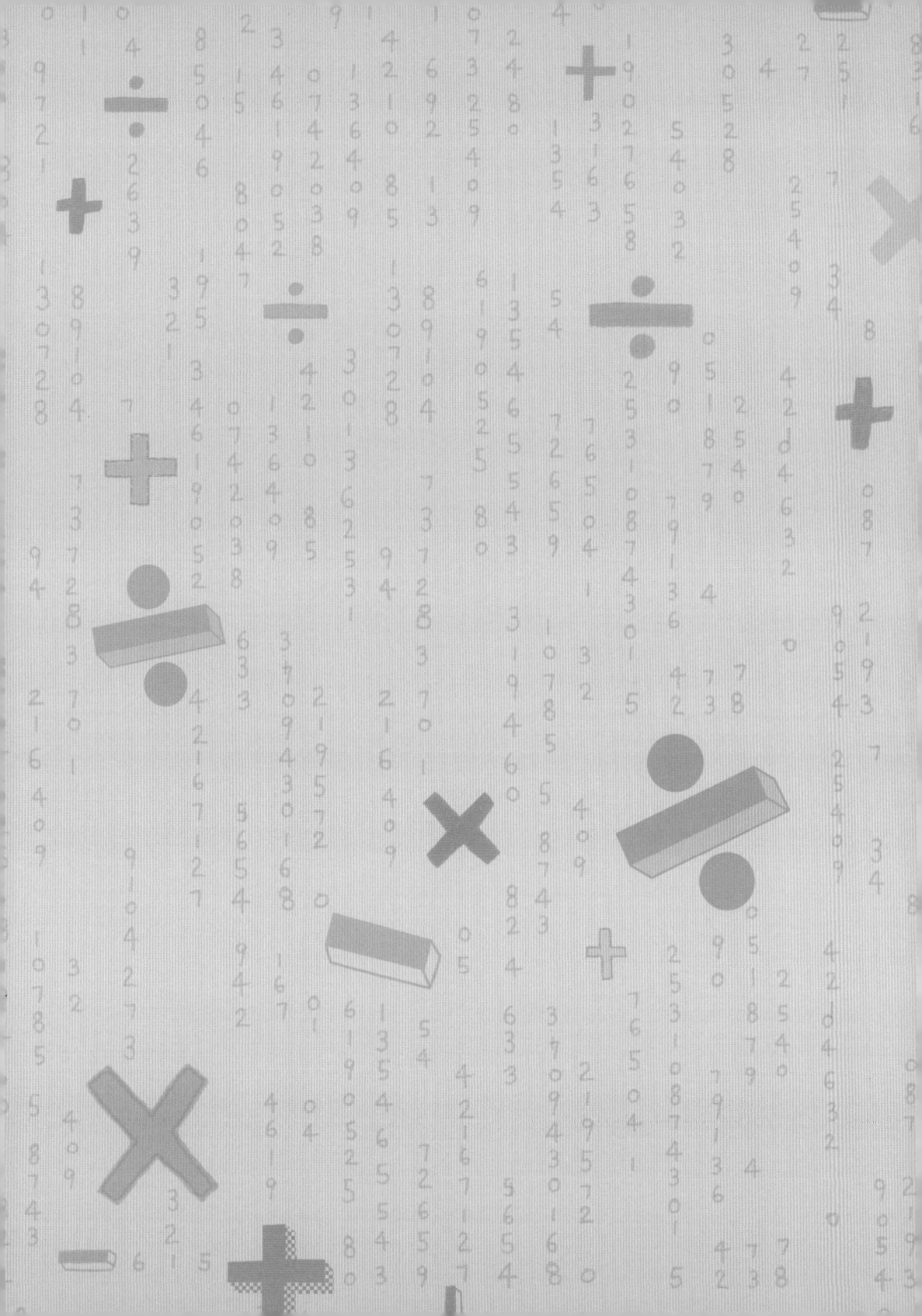

수학하는 어린이

수학하는 어린이
❺ 연산

개념과 원리에 강한

박종주 글 | 김성희 그림

위즈덤하우스

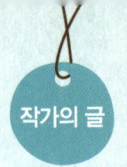
작가의 글

연산이 인류의 문명을 발달시켰어요!

우리는 하루에도 몇 번씩 계산을 해요. 가게에서 물건을 사거나 식당에서 밥을 먹고 나올 때도 계산을 하지요. 또 버스를 기다리며 남은 시간을 헤아리기도 하고, 방학까지 얼마나 남았는지 날짜를 꼽아 보기도 해요. 우리가 날마다 사용하는 컴퓨터라는 단어도 '계산하다'라는 뜻을 가진 라틴 어에서 나왔을 정도예요.

하지만 인류가 처음부터 계산에 능숙했던 것은 아니에요. 손으로 셀 수 있는 범위에서 시작해 점점 더 큰 수끼리 더하거나 빼면서 덧셈과 뺄셈을 발달시켰어요. 같은 수를 여러 번 더하는 것은 곱셈이라 정의했고, 어떤 수에 다른 수가 몇 번 포함되는지와 수를 어떻게 똑같이 나눌 수 있는지 생각하면서 나눗셈도 발달시켰어요.

이러한 과정이 동시에 이루어진 것은 아니에요. 지역에 따라, 문명의 발달 속도에 따라 달랐지요. 어떤 곳에서는 신체를 이용해 계산했고, 어떤 곳에서는 도구를 이용해 계산하기도 했어요. 분명한 것은 더 빠르고 효율적인

계산 방법을 찾아 계속 발전시켰다는 거예요.

   계산 방법이 발달하면서 인류의 문명은 한층 더 성장해 나갔어요. 나라와 나라 사이에 교역이 이뤄지면서 상업이 발달했고, 다리나 건물을 짓는 건축이 발달했으며, 우주의 섭리와 자연을 이해하려는 학문도 발달했어요. 이처럼 연산은 우리 생활을 편리하게 해 줄 뿐만 아니라 인류의 문명 속에서 보이지 않는 큰 뼈대를 이루고 있어요.

   이 책에서는 인류가 어떻게 연산을 발달시켜 나갔는지 소개하고 있어요. 우리가 일상생활에서 자주 이용하는 연산이 생겨난 배경과 역사, 효율적인 연산 방법이 나오기까지의 고민을 엿볼 수 있을 거예요. 그 과정에서 연산의 의미와 원리를 깊이 있게 이해하길 바랄게요.

박종주

차례

작가의 글 4

01 처음에는 어떻게 계산했을까요? ──── 8

02 10을 만들면 계산하기 편해요 ──── 12

03 더한다는 건 무엇일까요? ──── 18

04 뺀다는 건 무엇일까요? ──── 22

05 덧셈과 뺄셈은 거꾸로 하는 계산이에요 ──── 26

06 곱한다는 건 무엇일까요? ──── 32

07 곱셈표에는 규칙이 숨어 있어요 ──── 38

08 곱셈구구 없이도 곱셈을 할 수 있어요 ──── 43

09 손가락으로 곱셈을 할 수 있어요 ──── 49

10 나눈다는 건 무엇일까요? ──── 55

11 곱셈과 나눗셈은 거꾸로 하는 계산이에요 ······ 61

12 곱셈과 나눗셈을 쉽게 도와주는 막대가 있어요 ······ 65

13 순서를 바꿔서 계산해도 될까요? ······ 72

14 왜 덧셈보다 곱셈을 먼저 계산할까요? ······ 82

15 9를 이용해 검산할 수 있어요 ······ 87

16 +, −, ×, ÷는 어떻게 만들어졌을까요? ······ 93

17 계산을 좀 더 편하게 할 수 없을까요? ······ 98

신기하고 재미있는 연산 놀이 104

부모님께 드리는 글 110

01 처음에는 어떻게 계산했을까요?

앞으로 세기와 거꾸로 세기

❓ 원시인 뽀로가 개미를 관찰하고 있어요. 개미집 안에 개미 3마리가 있었는데, 나중에 개미 2마리가 더 들어갔어요. 덧셈을 할 줄 모르는 뽀로는 개미집 안에 개미가 몇 마리 있는지 어떻게 알 수 있을까요?

뽀로는 하나씩 세어서 개미의 수를 헤아렸어요. 먼저 개미집 안에 있던 개미의 수만큼 손가락을 접었지요.

하나, 둘, 셋.

손가락 셋을 접은 뒤, 개미집 안으로 개미가 한 마리씩 들어갈 때마다 손가락을 하나씩 더 접었어요.

넷, 다섯.

접힌 손가락이 모두 5개예요. 개미는 모두 5마리네요.

지금처럼 덧셈하는 방법이 발달하기 전에는 사람들은 뽀로처럼 이미 있는 것에다 하나씩 이어 세는 방법을 썼어요. 이렇게 어떤 수에서 시작해 큰 수 쪽으로 차례대로 이어 세는 것을 '앞으로 세기'라고 해요. '앞으로 세기'는 가장 간단한 덧셈이었던 거예요.

그러다가 하나씩 더하나 한꺼번에 더하나 결과는 같다는 걸 깨달았지요. 덧셈을 이용하면 한 마리씩 더하지 않고, 한꺼번에 더해도 되거든요. 개미집 안의 개미가 몇 마리인지 덧셈으로 알아볼까요?

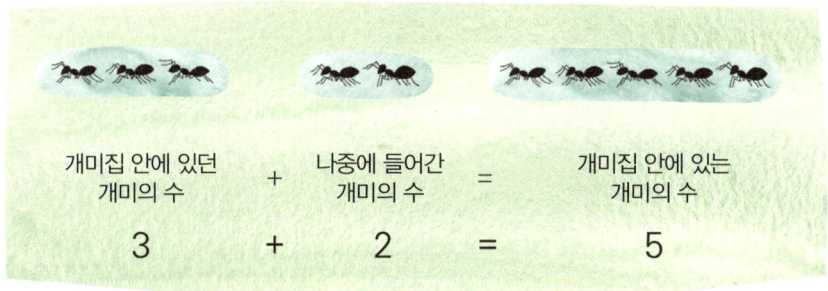

뽀로는 오늘도 해가 뜨자마자 개미를 구경하러 갔어요. 날이 밝자 일개미들이 먹이를 구하러 한 마리씩 밖으로 나오고 있어요.

'어제 개미집 안에 개미 5마리가 있었는데, 개미가 4마리 나왔어. 이제 개미집 안에 개미가 몇 마리 남았지?'

뽀로는 처음에 개미집 안에 있던 개미의 수만큼 손가락을 접었어요. 개미가 5마리였으니까 다섯 손가락을 접었지요. 그런 다음, 개미가 개미집 밖으로 한 마리씩 나올 때마다 접은 손가락을 하나씩 폈어요.

넷, 셋, 둘, 하나.

'접힌 손가락이 1개네. 개미집 안에 개미가 1마리 남았구나.'

아직 수를 계산하는 방법이 발달하지 않았을 때는 뽀로처럼 하나씩 덜어 내면서 남은 양을 알아냈어요. 이런 걸 '거꾸로 세기'라고 해요. 거꾸로 세기는 어떤 수에서 시작해서 하나 작은 수 쪽으로 차례대로 이어 세는 거예요. 그러다 점차 수를 이용해 빼는 것을 계산하는 셈, 즉 뺄셈이 발달했어요.

뺄셈을 이용하면 뽀로처럼 한 마리씩 빼지 않고, 한꺼번에 빼도 돼요. 남은 개미의 수를 뺄셈으로 알아볼까요?

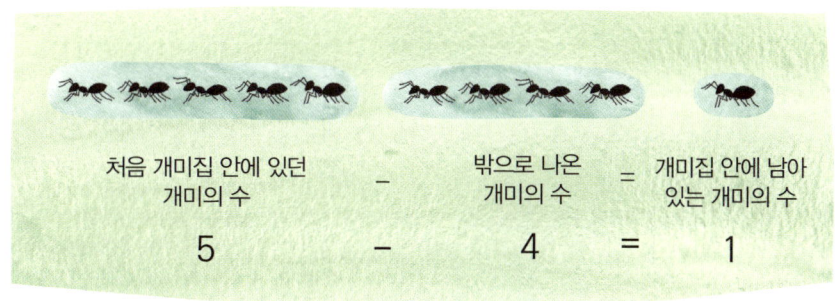

| 처음 개미집 안에 있던 개미의 수 | − | 밖으로 나온 개미의 수 | = | 개미집 안에 남아 있는 개미의 수 |
| 5 | − | 4 | = | 1 |

이처럼 덧셈과 뺄셈이 발달하기 전에는 하나씩 더하거나 하나씩 덜어 내는 방법으로 덧셈과 뺄셈을 했답니다.

02 10을 만들면 계산하기 편해요

가르기와 모으기

❓ 포포는 양을 돌보는 양치기 소년이에요. 해가 지기 전에 양을 우리 안으로 넣어야 해요. 포포가 양 5마리를 우리 2개에 갈라 넣으려면 어떻게 해야 할까요?

양 5마리를 둘로 가르는 방법은 여러 가지예요. 먼저 한쪽 우리에 양 1마리를 넣고, 다른 쪽 우리에 양 4마리를 넣을 수 있어요. 또 한쪽 우리에 2마리, 다른 쪽 우리에 3마리를 넣을 수도 있지요.

3마리와 2마리, 4마리와 1마리로 갈라 넣을 수도 있어요.

포포가 양 5마리를 둘로 가르는 방법을 숫자로 나타내 볼까요?

5는 1과 4, 2와 3, 3과 2, 4와 1로 가를 수 있어요. 이렇게 하나의 수를 둘 이상의 수로 나누는 것을 '가르기'라고 해요. 가르기를 하면 한 수가 어떤 수들의 합으로 이루어졌는지 알 수 있어요.

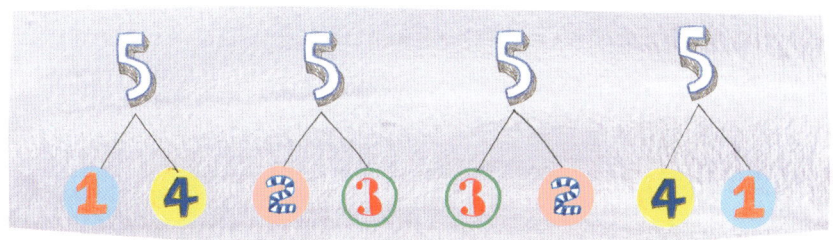

양치기 소년 포포가 양을 데리고 넓은 풀밭으로 나갔어요. 신이 난 양들은 여기저기 흩어져 마음껏 풀을 뜯었지요. 포포는 양이 모두 잘 있는지 확인을 했어요.

"양이 모두 5마리니까 흩어져 있는 양의 수를 모았을 때 5가 되어야 해. 바위 앞에 1마리, 나무 밑에 4마리가 있으니까 모으면……."

포포가 계산을 하는 동안 양들이 이리저리 움직였어요.

"이런, 또 자리를 옮겼네. 양이 나무 밑에 2마리, 풀밭에 3마리가 있으니까 모으면……."

양들은 쉴 새 없이 여기저기 돌아다녔어요. 포포는 계속 양의 수를 확인해야 했지요.

포포 대신 양이 몇 마리인지 확인해 볼까요? 바위 앞의 양 1마리, 나무 밑의 양 4마리를 모으면 양은 모두 5마리예요. 또 나무 밑의 양 2마리, 풀밭의 양 3마리를 모으면 양은 모두 5마리예요. 양이 모두 안전하게 잘 있었네요.

이번에는 포포가 양의 수를 모았던 것처럼, 5가 되도록 두 수를 모으는 방법을 숫자로 나타내 볼까요?

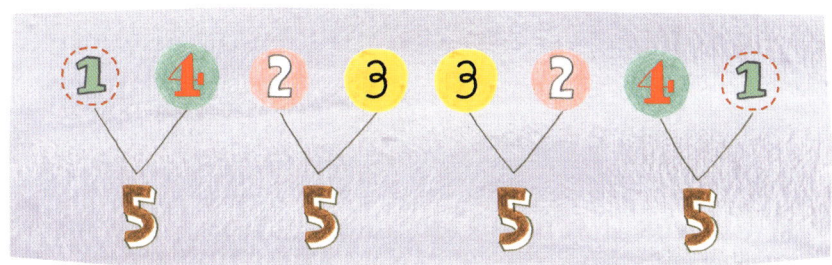

1과 4, 2와 3, 3과 2, 4와 1을 모으면 모두 5가 돼요. 이렇게 둘 이상의 수를 모아 하나의 수로 만드는 것을 '모으기'라고 해요. 가르기와 모으기는 서로 반대로 생각하면 돼요.

　이제 조금 더 큰 수인 10을 갈라 볼까요? 손을 이용하면 가르기를 쉽게 할 수 있어요. 우리는 손가락이 모두 10개니까요.

　먼저 양손을 쫙 편 채로 손바닥이 위를 향하게 하세요. 그런 다음 왼손 엄지손가락을 접어 보세요. 접은 손가락이 1개, 편 손가락이 9개가 돼요. 왼손 집게손가락도 접어 보세요. 접은 손가락이 2개, 편 손가락이 8개예요. 이렇게 차례로 손가락을 하나씩 접어 보세요. 손가락 9개를 모두 접으면 10을 두 수로 가르기가 끝난 거예요. 모으기는 가르기의 반대니까 10을 갈랐던 두 수를 다시 모으면 되지요.

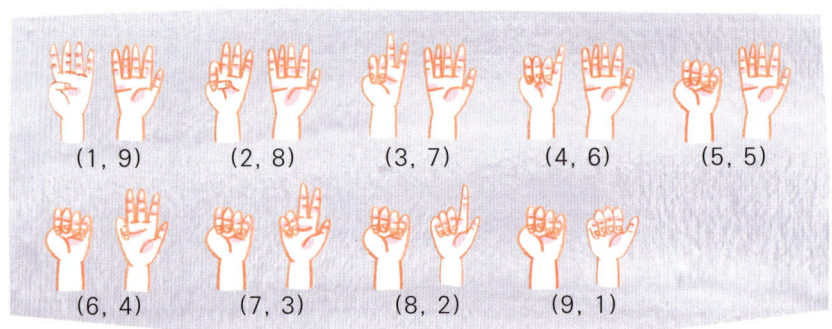

10을 두 수로 갈라 보면 재미있는 걸 발견할 수 있어요. 접은 손가락의 수가 1개씩 늘어날수록, 편 손가락의 수는 1개씩 줄어들어요. 수를 둘로 가를 때 한쪽이 1씩 커지면, 다른 쪽은 1씩 작아지는 거예요.

우리는 서로 보수야.

| 접은 손가락 수 | 1 | 2 | 3 | 4 | 5 | 6 | 7 | 8 | 9 |
| 편 손가락 수 | 9 | 8 | 7 | 6 | 5 | 4 | 3 | 2 | 1 |

또 10을 가르기 한 1과 9, 2와 8, 3과 7, 4와 6, 5와 5는 서로 10의 보수 관계예요. '10의 보수'는 10이 되기 위해서 서로 보충해 주는 수예요. 예를 들어 4가 10이 되려면 6이 있어야 하고, 6은 4가 있어야 해요. 4와 6은 서로 10의 보수 관계지요.

우리는 계산을 할 때 10을 가르거나 10이 되게 모으는 걸 많이 이용해요. 그래서 10의 보수 관계를 알면 계산을 편리하게 할 수 있지요.

03 더한다는 건 무엇일까요?

첨가와 합병

❓ 다음 그림 중 더하는 상황을 모두 찾아보세요.

 더한다는 것은 이미 있는 것에다 어떤 것을 보태는 거예요. 어려운 말로 '첨가'라고 하지요. ❶번은 물고기가 없는 빈 어항이니 더한다고 볼 수 없어요. ❷번은 어항 안에 물고기 3마리가 있었는데, 2마리를 더 넣었어요. 이게 바로 첨가예요. ❸번은 빈 어항에 물고기 3마리와 물고기 2마리를 함께 넣고 있어요. 이렇게 둘 이상의 것들을 한데 모으는 것도 더한다고 해요. 이런 상황은 '합병'이라고 하지요. ❹번은 어항 속에서 물고기 2마리를 꺼내고 있어요. 어항 속의 물고기 수가 줄어드니까 더한다고 볼 수 없지요. 그러므로 더하는 상황은 ❷번과 ❸번이에요.

즉, 더한다는 것은 이미 있는 것에 어떤 것을 더 보태는 것과 한데 모으는 것, 둘 다를 말해요. 그럼 덧셈은 무엇일까요?

덧셈은 더하는 상황을 수로 계산하는 거예요. 이미 있는 것에 어떤 것을 보태는 ❷번 상황(첨가)을 덧셈식으로 나타내 볼까요?

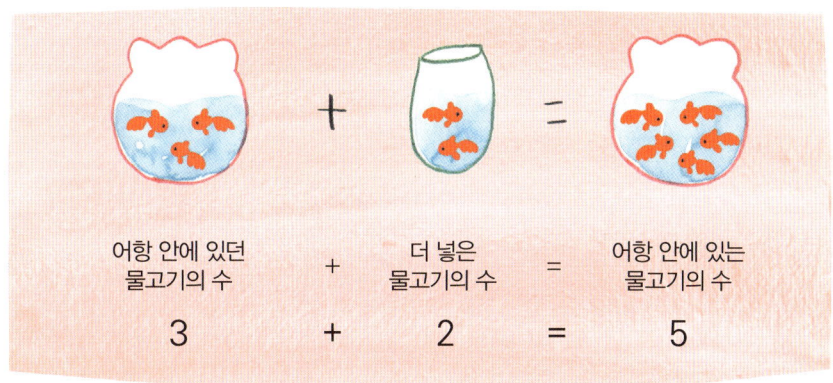

| 어항 안에 있던 물고기의 수 | + | 더 넣은 물고기의 수 | = | 어항 안에 있는 물고기의 수 |
| 3 | + | 2 | = | 5 |

이번에는 한데 모으는 ❸번 상황(합병)을 덧셈식으로 나타내 봐요.

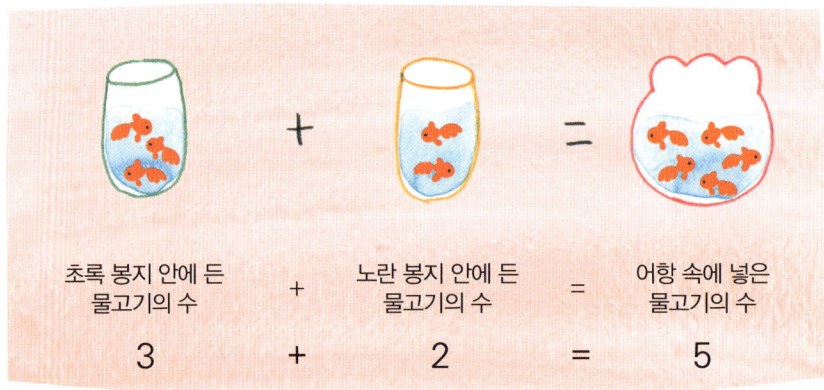

초록 봉지 안에 든 물고기의 수	+	노란 봉지 안에 든 물고기의 수	=	어항 속에 넣은 물고기의 수
3	+	2	=	5

이미 있는 것에다 보태는 것과 한데 모으는 것은 조금 다른 상황이지만, 두 상황을 덧셈식으로 나타내면 같아요.

어항에 물을 넣던 찬이는 한 가지 궁금한 게 생겼어요.
"아빠, 이렇게 어항에 물을 더 넣는 것도 더하기예요?"

"그렇지. 첨가 상황이잖아."

"그런데 물고기는 한 마리, 두 마리, 세 마리 이렇게 셀 수 있지만, 흐르는 물은 셀 수가 없으니 덧셈을 할 수 없는 거 아니에요?"

아니에요, 셀 수 없는 것도 덧셈을 할 수 있어요. 찬이의 말처럼 세상에는 물이나 공기, 밀가루, 모래처럼 셀 수 없는 것들이 많아요. 셀 수 없는 것은 단위를 정해서 양으로 더하지요. 물이나 우유처럼 흐르는 것들은 리터(L)라는 단위를 써서 양을 잰 뒤, 그 양으로 덧셈을 해요.

만약 어항에 물이 10L 있는데 거기에 물 3L를 더 부으면, 10L에 3L를 더해 어항의 물은 모두 13L가 되는 거예요.

어항 안에 있던 물의 양	+	더 넣은 물의 양	=	모든 물의 양
10L	+	3L	=	13L

개수를 셀 수 있는 것도, 개수를 셀 수 없는 것도 덧셈을 할 수 있어요. 중요한 것은 어떤 것에 더 보태거나, 부분을 합쳐 한데 모으는 것이 더하기라는 것이지요.

04 빼다는 건 무엇일까요?

제거와 차이

❓ 다음 그림 중 빼는 상황을 모두 찾아보세요.

빼다는 것은 어떤 것에서 얼마큼을 덜어 내는 거예요. ❶번은 접시 안에 빵이 그대로 있으니 뺀다고 볼 수 없어요. ❷번은 아이가 접시에서 빵을 덜어 내고 있어요. 이렇게 이미 있는 것에서 덜어 내는 것이 바로 빼기예요. 어려운 말로 '제거'라고 하지요. ❸번은 아이가 빵을 더 보태고 있으니 빼기가 아니라 더하기예요. ❹번은 어떨까요? 아이가 두 접시에 놓인 빵의 수를 비교하고 있네요. 눈대중만으로도 파란 접시에 놓인 빵이 더 많다는 걸 알 수 있지만, 서로 얼마나 차이가 나는지 알려면 큰 수에서 작은 수를 빼면 돼요. 이렇게 어느 쪽이 얼마나 더 많은지 알아보는 것도 빼기예요. 이런 상황은 '차이'라고 하지요. 그러므로 빼는 상황은 ❷번과 ❹번이에요.

즉, 뺀다는 것은 어떤 것에서 얼마큼을 덜어 내 나머지를 구하는 것과 서로 얼마나 차이가 나는지 비교하는 것, 둘 다를 말해요. 그럼 뺄셈은 무엇일까요?

뺄셈도 빼는 상황을 수로 계산하는 거예요. 어떤 것에서 얼마큼을 덜어 내는 ❷번 상황(제거)을 뺄셈식으로 나타내 볼까요?

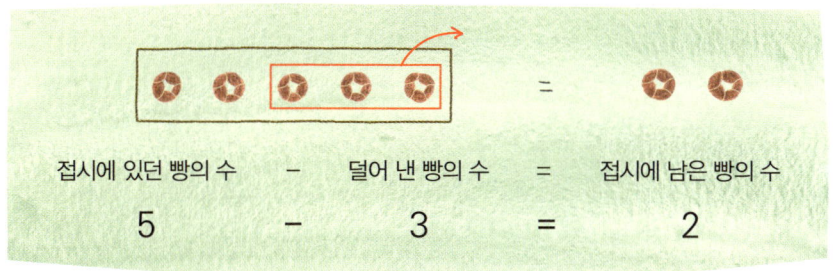

이번에는 어느 쪽이 얼마나 더 많은지 비교해 보는 ❹번 상황(차이)을 뺄셈식으로 나타내 볼게요.

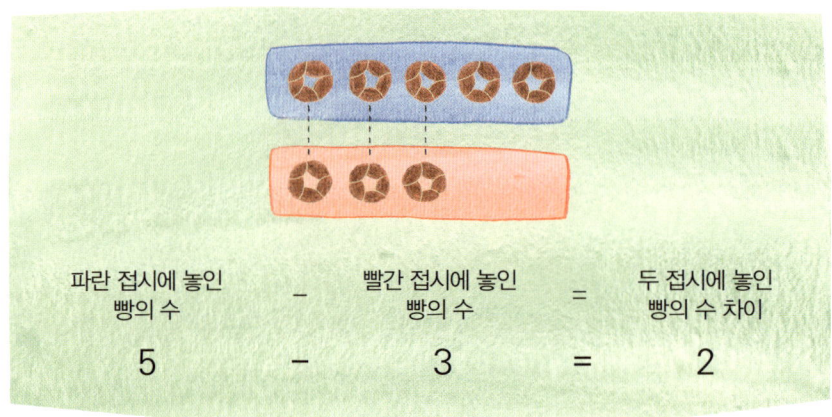

어떤 것에서 얼마큼을 덜어 내는 상황이나 어느 쪽이 얼마나 더 많은지 서로 비교하는 상황이나, 상황은 다르지만 뺄셈식으로 나타내면 같아요.

그런데 물처럼 개수를 셀 수 없는 것도 뺄셈을 할 수 있을까요?

민희가 엄마와 함께 빵을 만들고 있어요.
"민희야, 빵 반죽하게 그릇에 우유 좀 부어 줄래?"
민희는 그릇에 우유 1L를 부었어요.

"엄마, 우유가 처음에는 2L 있었는데, 제가 1L를 덜어 냈잖아요. 그럼 이제 우유가 얼마나 남은 거예요?"

 개수를 셀 수 없는 것을 뺄 때도 덧셈과 똑같이 단위를 정해서 양으로 계산해요. 우유도 물처럼 리터(L)라는 단위를 써서 양을 잰 뒤, 그 양으로 뺄셈을 하지요.

 우유를 2L에서 1L만큼 덜어 냈으니, 남은 우유는 1L예요.

처음에 있던 우유의 양	−	덜어 낸 우유의 양	=	남아 있는 우유의 양
2L	−	1L	=	1L

 개수를 셀 수 있는 것도, 개수를 셀 수 없는 것도 뺄셈을 할 수 있답니다. 어떤 것을 덜어 내거나, 서로의 차이를 알아보는 것이 빼기라는 걸 잊지 마세요.

05 덧셈과 뺄셈은 거꾸로 하는 계산이에요

덧셈과 뺄셈의 관계

❓ 키키가 사과를 바구니에 담아 친구 집에 놀러 갔어요. 그런데 숲에서 사과 2개를 떨어뜨렸어요. 친구 집에 도착했을 때 바구니에 들어 있는 사과는 5개였지요. 키키가 처음에 바구니에 담은 사과는 몇 개였을까요?

처음에 바구니 안에 들어 있던 사과가 몇 개였는지 모르지만, 중간에 사과를 떨어뜨렸으니 빼기 상황이에요. 이 상황을 뺄셈식으로 나타내 볼까요?

처음에 있던 사과의 수는 모르니 □로 나타내고, 사과 2개를 떨어뜨리고 5개가 남았으니 뺄셈식으로 나타내면 다음과 같아요.

처음에 있던 사과의 수	−	떨어뜨린 사과의 수	=	남아 있는 사과의 수
□	−	2	=	5

그런데 이 뺄셈식을 어떻게 계산하면 좋을까요? □ 자리에 생각나는 숫자를 하나씩 넣어 볼까요? 아니죠. 이때는 덧셈을 이용하면 돼요. 이미 있는 것에 보태는 것이 더하기고, 덜어 내는 것이 빼기예요. 즉, 덧셈과 뺄셈은 서로 반대예요.

키키가 떨어뜨린 사과의 수와 남아 있는 사과의 수를 합하면 처음에 있던 사과의 수가 되는 거지요.

자, 뺄셈식을 덧셈식으로 바꾸어 볼까요?

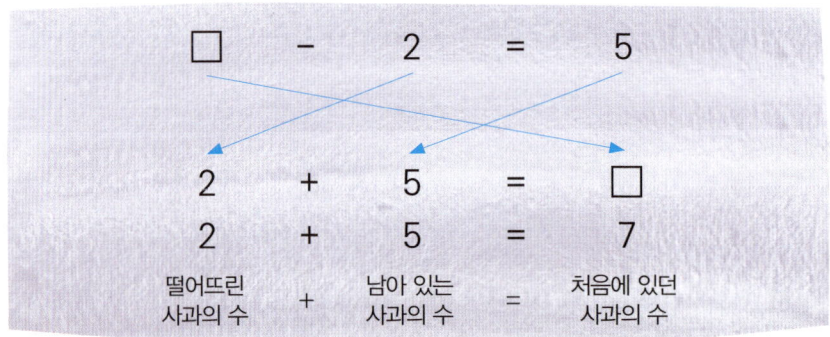

덧셈식으로 바꾸어 계산하니, □는 7이에요. 즉, 처음에 있던 사과의 수는 7개예요. 그런데 남아 있는 사과의 수와 떨어뜨린 사과의 수를 더해서 처음에 있던 사과의 수를 구할 수도 있어요.

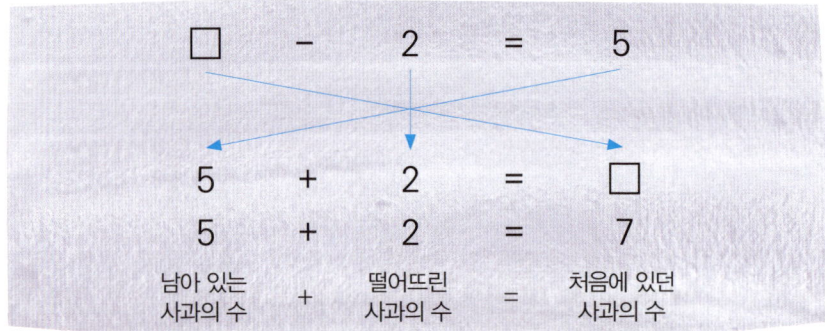

이렇게 계산해도 □는 7이니까 역시 처음에 있던 사과의 수는 7개네요.

뺄셈식을 덧셈식으로 바꾸어 계산할 수 있는 것처럼, 덧셈식도 뺄셈식으로 나타낼 수 있어요. 한번 해 볼까요?

$$5 + 2 = 7 \qquad 5 + 2 = 7$$
$$7 - 2 = 5 \qquad 7 - 5 = 2$$

덧셈을 거꾸로 계산하면 뺄셈이 되고, 뺄셈을 거꾸로 계산하면 덧셈이 돼요. 부분과 부분을 더하면 전체가 되는 덧셈식을 전체에서 한 부분을 빼면 다른 부분이 남는 뺄셈식으로 바꿀 수 있지요.

키키가 친구 집에 들어가려고 해요. 그런데 숫자판에 비밀번호를 눌러야 문이 열린대요. 친구가 정한 비밀번호는 △, □, ○가 가리키는 숫자를 차례대로 누르는 거예요. 키키는 비밀번호를 알아내 문을 열었을까요?

키키는 수학을 잘했어요. 계산식의 규칙을 금방 알아챘지요. 키키가 어떻게 비밀번호를 알아냈는지 살펴볼까요?

키키는 가장 쉽게 구할 수 있는 수부터 먼저 계산했어요. 두 번째 계산식을 보세요. 똑같은 수 ○를 두 번 더했더니 20이 되었어요. 그러니까 ○는 10이라는 것을 알 수 있지요.

$$○ + ○ = 20$$
$$○ = 10$$

첫 번째 계산식 △+○=26에서 ○ 자리에 10을 써 넣으면 △+10=26이 돼요. 어떤 수 △에 10을 더해 26이 되었으니, 26에서 10을 빼면 △의 값을 구할 수 있어요.

$$\triangle + 10 = 26$$
$$\triangle = 26 - 10$$
$$\triangle = 16$$

이제 세 번째 계산식 □+△+△=34에서 △ 자리에 16을 써 넣으면 □+16+16=34가 돼요. 16+16은 32이니까, □+32=34이지요. 어떤 수 □에 32를 더해 34가 되었으니, 34에서 32를 빼면 □의 값을 구할 수 있어요.

$$\square + 16 + 16 = 34$$
$$\square + 32 = 34$$
$$\square = 34 - 32$$
$$\square = 2$$

따라서 ○는 10, △는 16, □는 2예요.

키키는 16, 2, 10을 차례대로 눌러 문을 열었어요. 키키처럼 덧셈과 뺄셈의 관계를 이용하면 여러 문제를 쉽게 풀 수 있답니다.

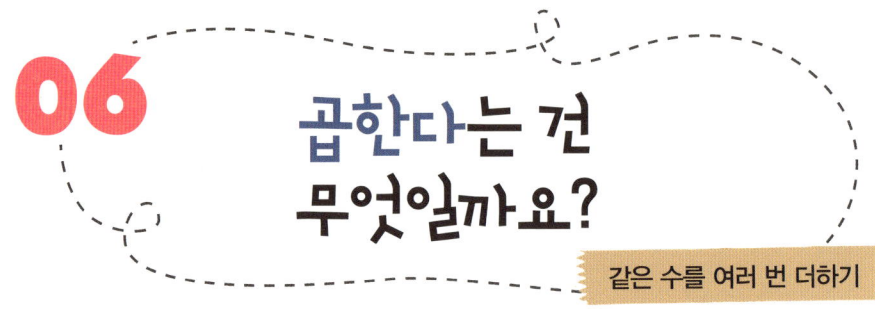

06 곱한다는 건 무엇일까요?

같은 수를 여러 번 더하기

❓ 곶감을 만들려고 감을 매달았어요. 감이 1줄에 4개씩, 6줄이 매달려 있어요. 감은 모두 몇 개나 될까요?

감의 수를 알아보는 가장 단순한 방법은 하나하나 세는 거예요. 하나, 둘, 셋, 넷……. 시간이 좀 많이 걸리겠지요? 또 방금 전에 세었는지 헷갈리기도 하고, 빠트리고 셀 수도 있어요.

이번에는 덧셈을 이용해 볼까요? 1줄에 감이 몇 개씩 달려 있는지 센 다음, 줄의 수만큼 반복해서 더하는 거예요. 1줄에 4개씩 6줄이니까, 4를 6번 더하면 되네요. 감은 모두 24개예요.

$$4+4+4+4+4+4=24$$

그런데 이렇게 같은 수를 여러 번 더할 때는 곱셈을 하면 편리해요. 어떤 수를 연달아 더한 만큼 곱해 주면 되거든요. 수를 곱하여 계산하는 것을 '곱셈'이라 하고, 곱셈식은 곱셈 기호 '×'를 써서 나타내지요.

4를 6번 더한 덧셈식 4+4+4+4+4+4를 곱셈식으로 나타내면 4×6이에요. 앞에 쓴 4는 더하는 수이고, 뒤에 쓴 6은 더한 횟수예요.

$$4+4+4+4+4+4=4\times6$$

다시 말해 어떤 수에 몇을 곱하는 것은 그 수를 곱한 수만큼 반복해서 더하는 것과 같아요.

감이 이렇게 매달려 있다면 곱셈식으로 나타낼 수 있을까요?

아니요, 각 줄마다 꿰어 놓은 감의 수가 달라서 곱셈으로 나타낼 수 없어요. 곱셈은 같은 수를 여러 번 더하는 것이기 때문이에요. 감이 4개씩 6줄일 때 4×6으로 나타낼 수 있는 것처럼 한 줄에 달린 감의 수가 같을 때만 곱셈으로 나타낼 수 있답니다.

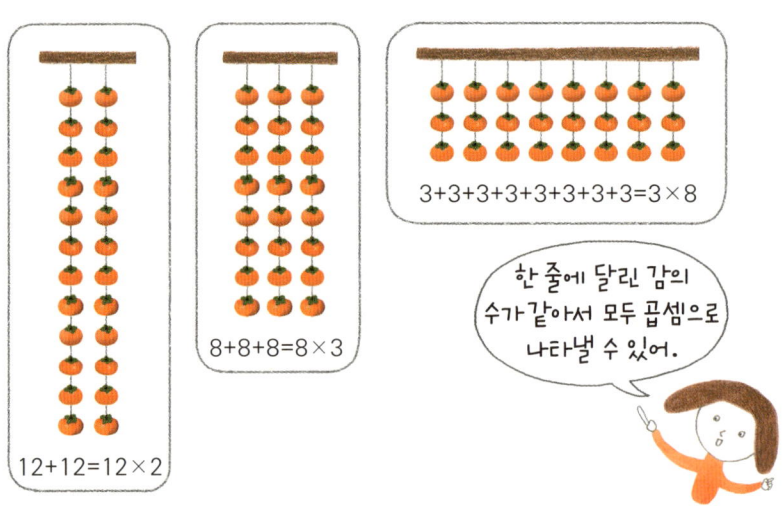

한 줄에 달린 감의 수가 같아서 모두 곱셈으로 나타낼 수 있어.

곱셈은 워낙 자주 쓰이기 때문에 수를 곱한 규칙을 알기 쉽게 정리해서 이용해요. 그게 바로 '곱셈구구'예요. 곱셈구구는 1부터 9까지의 수 중에서 두 수끼리 서로 곱한 값을 나타낸 거예요. '구구법'

2의 단	3의 단	4의 단	5의 단
$2 \times 1 = 2$	$3 \times 1 = 3$	$4 \times 1 = 4$	$5 \times 1 = 5$
$2 \times 2 = 4$	$3 \times 2 = 6$	$4 \times 2 = 8$	$5 \times 2 = 10$
$2 \times 3 = 6$	$3 \times 3 = 9$	$4 \times 3 = 12$	$5 \times 3 = 15$
$2 \times 4 = 8$	$3 \times 4 = 12$	$4 \times 4 = 16$	$5 \times 4 = 20$
$2 \times 5 = 10$	$3 \times 5 = 15$	$4 \times 5 = 20$	$5 \times 5 = 25$
$2 \times 6 = 12$	$3 \times 6 = 18$	$4 \times 6 = 24$	$5 \times 6 = 30$
$2 \times 7 = 14$	$3 \times 7 = 21$	$4 \times 7 = 28$	$5 \times 7 = 35$
$2 \times 8 = 16$	$3 \times 8 = 24$	$4 \times 8 = 32$	$5 \times 8 = 40$
$2 \times 9 = 18$	$3 \times 9 = 27$	$4 \times 9 = 36$	$5 \times 9 = 45$

6의 단	7의 단	8의 단	9의 단
$6 \times 1 = 6$	$7 \times 1 = 7$	$8 \times 1 = 8$	$9 \times 1 = 9$
$6 \times 2 = 12$	$7 \times 2 = 14$	$8 \times 2 = 16$	$9 \times 2 = 18$
$6 \times 3 = 18$	$7 \times 3 = 21$	$8 \times 3 = 24$	$9 \times 3 = 27$
$6 \times 4 = 24$	$7 \times 4 = 28$	$8 \times 4 = 32$	$9 \times 4 = 36$
$6 \times 5 = 30$	$7 \times 5 = 35$	$8 \times 5 = 40$	$9 \times 5 = 45$
$6 \times 6 = 36$	$7 \times 6 = 42$	$8 \times 6 = 48$	$9 \times 6 = 54$
$6 \times 7 = 42$	$7 \times 7 = 49$	$8 \times 7 = 56$	$9 \times 7 = 63$
$6 \times 8 = 48$	$7 \times 8 = 56$	$8 \times 8 = 64$	$9 \times 8 = 72$
$6 \times 9 = 54$	$7 \times 9 = 63$	$8 \times 9 = 72$	$9 \times 9 = 81$

또는 '구구단'이라고도 부르지요. 곱셈구구를 외우면 곱셈을 빠르고 쉽게 할 수 있어요.

그런데 왜 곱셈구구라고 부를까요? '구구(九九)'는 각각 숫자 9를 뜻해요. 옛날에는 지금과 곱셈구구의 순서가 달랐어요. 곱셈구구를 어렵게 보이게 하려고 일부러 맨 끝인 9×9=81부터 시작했대요. 그래서 곱셈구구라고 이름 붙인 거예요. 만약 지금처럼 옛날에도 2×1=2에서 시작했다면 '곱셈이일'이라고 불렀을지도 몰라요.

그러면 2의 단 곱셈구구와 3의 단 곱셈구구를 한번 살펴볼까요?

2×1=2	+2
2×2=4	+2
2×3=6	+2
2×4=8	+2
2×5=10	+2
2×6=12	+2
2×7=14	+2
2×8=16	+2
2×9=18	

3×1=3	+3
3×2=6	+3
3×3=9	+3
3×4=12	+3
3×5=15	+3
3×6=18	+3
3×7=21	+3
3×8=24	+3
3×9=27	

2의 단 곱셈구구의 곱은 2씩 커지고, 3의 단 곱셈구구의 곱은 3

씩 커져요. ○의 단 곱셈구구는 곱이 ○씩 커지는 거예요.

또 곱셈구구를 보면 어떤 수에 1을 곱하면 언제나 어떤 수 자신이 돼요. 어떤 수에 1을 곱한다는 것은 그 수가 1번 있다는 뜻이니까요.

$$1 \times (어떤 수) = (어떤 수)$$
$$(어떤 수) \times 1 = (어떤 수)$$

곱셈에는 재미있는 규칙이 하나 더 있어요.

어떤 수라도 0을 곱하면 모두 0이 돼요. 왜 그럴까요? 곱하기는 어떤 수를 여러 번 더하는 거예요. 그런데 0을 곱한다는 것은 한 번도 더하지 않았다는 것이니 아예 없다는 뜻이지요. 따라서 아무리 큰 수라도 0을 곱하면 0이 돼요.

$$0 \times (어떤 수) = 0$$
$$(어떤 수) \times 0 = 0$$

07 곱셈표에는 규칙이 숨어 있어요

곱셈표

❓ 수민이가 가로와 세로의 수를 곱하여 그 곱을 가로와 세로가 만나는 칸에 써 넣고 있어요. 다음과 같은 표를 만들 때, 4의 단 곱셈구구에서 곱의 일의 자리 숫자로 올 수 없는 것은 무엇일까요?

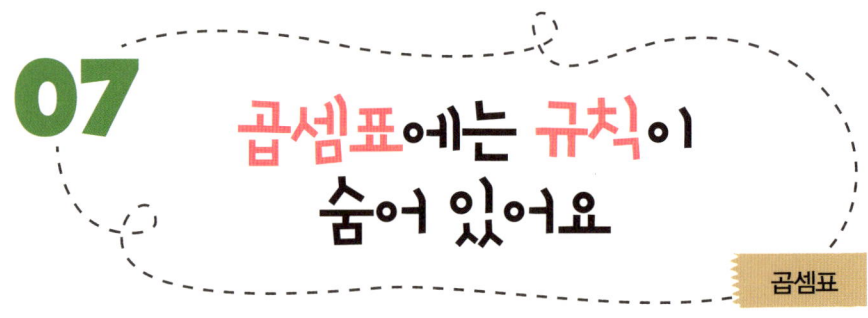

❶ 0 ❷ 2 ❸ 3 ❹ 4

먼저 4의 단에서 곱의 일의 자리에 어떤 숫자들이 나오는지 살펴 봐요. 4의 단의 곱을 차례대로 쓰면 다음과 같아요.

4, 8, 12, 16, 20, 24, 28, 32, 36, 40······

　4의 단에서 곱의 일의 자리에는 숫자 4, 8, 2, 6, 0이 되풀이되고 있어요. 따라서 4의 단에서 곱의 일의 자리 숫자로 올 수 없는 것은 ❸번의 3이에요.

　수민이가 만든 표처럼 가로와 세로의 수를 곱하여 그 곱을 가로와 세로가 만나는 칸에 써 놓은 표를 '곱셈표' 또는 '곱셈구구표'라고 해요. 곱셈표를 살펴보면 일정한 규칙을 찾을 수 있지요.

×	1	2	3	4	5	6	7	8	9
1	1	2	3	4	5	6	7	8	9
2	2	4	6	8	10	12	14	16	18
3	3	6	9	12	15	18	21	24	27
4	4	8	12	16	20	24	28	32	36
5	5	10	15	20	25	30	35	40	45
6	6	12	18	24	30	36	42	48	54
7	7	14	21	28	35	42	49	56	63
8	8	16	24	32	40	48	56	64	72
9	9	18	27	36	45	54	63	72	81

2, 4, 5, 6, 8의 단은 곱의 일의 자리 숫자가 되풀이돼요. 그런데 1, 3, 7, 9의 단은 곱의 일의 자리 숫자가 되풀이되지 않아요. 3의 단을 보면 곱이 3, 6, 9, 12, 15, 18, 21, 24, 27이지요. 곱의 일의 자리는 3, 6, 9, 2, 5, 8, 1, 4, 7로 숫자가 반복되지 않고 한 번씩만 나와요. 7의 단도 살펴볼까요? 곱이 7, 14, 21, 28, 35, 42, 49, 56, 63이지요. 곱의 일의 자리는 7, 4, 1, 8, 5, 2, 9, 6, 3으로 3의 단처럼 숫자가 반복되지 않고 한 번씩만 나와요.

2의 단	2, 4, 6, 8, 10, 12, 14, 16, 18	2, 4, 6, 8, 0이 되풀이됨
4의 단	4, 8, 12, 16, 20, 24, 28, 32, 36	4, 8, 2, 6, 0이 되풀이됨
5의 단	5, 10, 15, 20, 25, 30, 35, 40, 45	5, 0이 되풀이됨
6의 단	6, 12, 18, 24, 30, 36, 42, 48, 54	6, 2, 8, 4, 0이 되풀이됨
8의 단	8, 16, 24, 32, 40, 48, 56, 64, 72	8, 6, 4, 2, 0이 되풀이됨

곱의 일의 자리 숫자가 되풀이되는 규칙이 있는 곱셈구구

곱셈표에는 다른 규칙들도 숨어 있어요.

곱셈표에 노란색으로 표시한 대각선 위의 수 1, 4, 9, 16, 25, 36, 49……는 같은 두 수의 곱이에요.

×	1	2	3	4	5	6	7	8	9
1	1	2	3	4	5	6	7	8	9
2	2	4	6	8	10	12	14	16	18
3	3	6	9	12	15	18	21	24	27
4	4	8	12	16	20	24	28	32	36
5	5	10	15	20	25	30	35	40	45
6	6	12	18	24	30	36	42	48	54
7	7	14	21	28	35	42	49	56	63
8	8	16	24	32	40	48	56	64	72
9	9	18	27	36	45	54	63	72	81

1×1=1, 2×2=4, 3×3=9, 4×4=16,
5×5=25, 6×6=36, 7×7=49……

이번에는 노란색으로 표시한 대각선 위에 있는 수를 기준으로 마주 보고 있는 수를 보세요.

2의 단의 곱 6과 3의 단의 곱 6이 마주 보고 있어요. 2×3은 6인데, 3×2도 6이기 때문이지요. 또 3의 단의 곱 12와 4의 단의 곱 12가 마주 보고 있어요. 3×4는 12이고, 4×3도 12이기 때문이지요. 5의 단의 곱 30과 6의 단의 곱 30도 마주 보고 있어요. 5×6은 30인데, 6×5도 30이기 때문이지요.

이렇게 곱셈은 두 수를 바꾸어 곱해도 결과가 같아요.

이번에는 9의 단의 곱을 한 번 볼까요? 곱의 십의 자리 숫자는 1, 2, 3, 4…… 로 1씩 커지고, 곱의 일의 자리 숫자는 9, 8, 7, 6, 5…… 로 1씩 작아져요. 또 곱의 십의 자리 숫자와 곱의 일의 자리 숫자를 더하면 항상 9가 돼요. 9×2=18에서 1과 8을 더하면 9가 되고, 9×4=36에서 3과 6을 더해도 9가 되지요.

×	9
1	9
2	18
3	27
4	36
5	45
6	54
7	63
8	72
9	81

곱셈표의 규칙을 알면 일일이 계산하지 않아도 곱셈표를 쉽게 채워 넣을 수 있어요.

2, 4, 6, 8의 단의 곱은 모두 짝수야.

곱셈구구 없이도 곱셈을 할 수 있어요

격자 곱셈법

곱셈식 7242×213을 계산해 보세요.

곱셈식 7242×213을 계산하면 값은 1542546이에요. 계산이 조금 어려웠다고요? 여러분은 어떤 방법으로 곱셈식을 계산했나요? 아마 대부분 '세로셈'으로 계산했을 거예요.

세로셈은 계산식을 같은 자리 숫자끼리 줄을 맞춰 세로로 쓴 거예요. 세로셈은 계산하기는 편하지만, 같은 자리끼리 줄을 맞춰서 써야 하고, 여러 수를 한꺼번에 더해야 해서 헷갈리기도 해요.

이럴 때 표를 이용해서 계산하는 '격자 곱셈법'을 써 보세요. 격자 곱셈법은 바둑판 모양의 격자처럼 생긴 표를 이용해서 곱셈을 하는 거예요. 격자 곱셈법은 인도에서 처음으로 만들어진 뒤, 중국과 아라비아, 페르시아 같은 곳으로 퍼져 나갔대요.

간단한 곱셈식 13×27을 격자 곱셈법으로 계산해 볼까요?

먼저 곱하는 두 수의 자릿수에 맞게 격자 모양의 칸을 그리고, 격자 안에 대각선을 그어요. 13과 27은 자릿수가 2개씩이니까 가로와 세로가 각각 2칸씩인 격자를 그리면 돼요.

격자의 위쪽에는 곱해지는 수를, 오른쪽에는 곱하는 수를 써요.

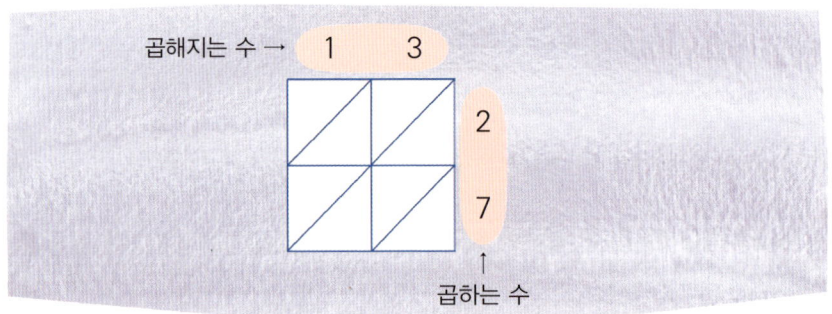

격자의 위쪽과 오른쪽의 수를 곱하여 각 칸에 써요. 이때 대각선을 기준으로 각 칸의 위쪽에는 곱의 십의 자리 숫자를, 아래쪽에는 곱의 일의 자리 숫자를 써요.

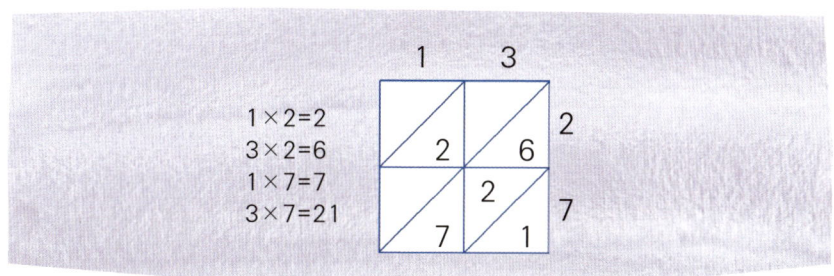

격자 안의 대각선을 더 길게 그린 뒤, 대각선을 따라 같은 위치에 있는 수를 더한 값을 써요.

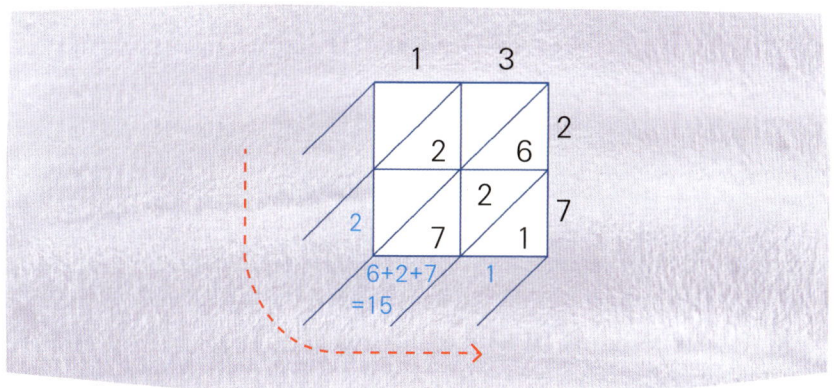

더한 수를 위에서부터 ㄴ 자 모양으로 차례대로 써요.

2 15 1

십의 자리가 있는 수는 십의 자리 수를 바로 앞의 수와 더해요.

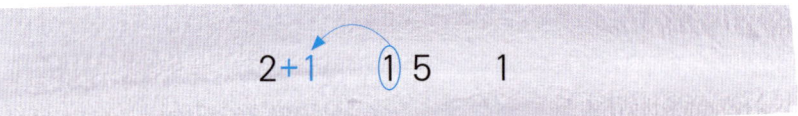

남아 있는 수를 차례대로 쓰면 곱셈식 13×27의 값 351이 돼요. 이번에는 세로셈으로 계산해 볼까요?

$$\begin{array}{r} 13 \\ \times\ 27 \\ \hline 91 \\ 260 \\ \hline 351 \end{array}$$

어때요? 세로셈으로 계산해도 값이 같지요?

이번에는 더 큰 수끼리의 곱셈인 7242×213을 계산해 볼까요?

곱하는 두 수의 자릿수가 7242는 4개, 213은 3개니까 가로는 4칸, 세로는 3칸인 격자를 그려요. 격자의 위쪽에 곱해지는 수 7242를, 오른쪽에 곱하는 수 213을 쓰고, 두 수끼리의 곱을 각 칸에 써요.

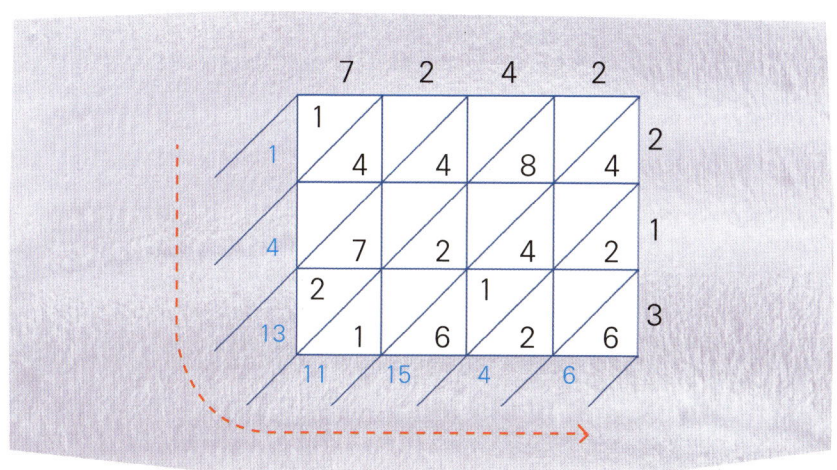

대각선을 따라서 같은 위치에 있는 수를 더한 값을 위에서부터 ㄴ자 모양으로 차례대로 써요.

1   4   13   11   15   4   6

십의 자리가 있는 수는 십의 자리 수를 바로 앞의 수와 더해요.

1   4+1   3+1   1+1   5   4   6

남아 있는 수를 차례대로 쓰면 곱셈식 7242×213의 값이에요.

$$1 \quad 5 \quad 4 \quad 2 \quad 5 \quad 4 \quad 6$$
$$1542546 = 7242 \times 213$$

앞에서 7242×213을 세로셈으로 계산한 것과 값이 같은지 비교해 보세요. 또 어떤 방법이 더 편한지도 생각해 보고요.

격자 곱셈법은 곱하는 두 수의 자릿수에 맞게 격자를 그려야 해요. 수가 커질수록 선을 더 많이 그려야 한다는 게 불편하지만, 아주 큰 수라도 칸만 잘 나누고, 대각선을 바르게 긋는다면 누구나 빠르고 쉽게 곱셈을 할 수 있지요.

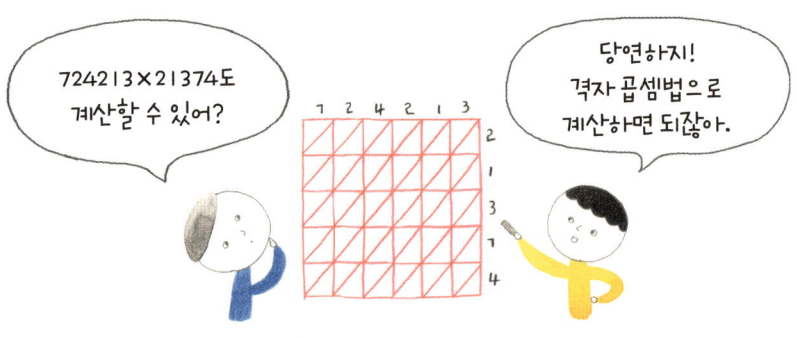

09 손가락으로 곱셈을 할 수 있어요

손가락 곱셈법

❓ 윤아가 손가락으로 9의 단 곱셈구구를 쉽게 계산할 수 있대요. 그러면서 왼손 가운뎃손가락을 접고는 손가락을 보며 9×3은 27이라고 해요. 윤아는 어떻게 알 수 있었을까요?

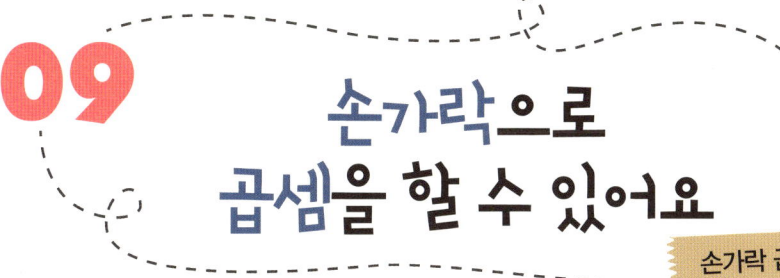

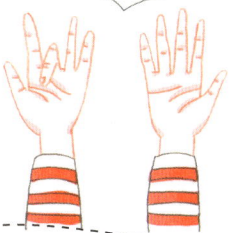

손가락에 숨겨진 9의 단 곱셈구구를 찾아봐!

윤아가 접은 손가락은 왼쪽에서 세 번째 손가락이에요. 3을 가리키지요. 그러니까 윤아는 9×3을 계산한 거예요. 우리도 손가락으로 9의 단 곱셈구구를 해 볼까요?

양손을 쫙 펼친 뒤, 왼쪽부터 순서대로 각 손가락마다 1~10까지 번호를 붙여요. 그런 다음, 9에 곱하는 수에 해당하는 손가락을 접으면 돼요. 예를 들어, 9에 1을 곱하면 왼손 엄지손가락을 접고, 2를 곱하면 왼손 집게손가락을 접는 거예요.

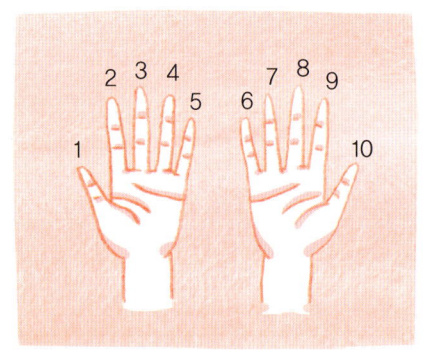

그러면 곱셈한 결과는 어떻게 알 수 있을까요?

편 손가락의 수를 세어 보면 돼요. 접은 손가락을 중심으로 왼쪽은 곱의 십의 자리 수를, 오른쪽은 곱의 일의 자리 수를 나타내지요.

윤아가 9×3을 계산한 손가락을 읽어 볼까요?

윤아가 접고 있는 손가락을 중심으로 편 손가락이 왼쪽에는 2개, 오른쪽에는 7개예요. 왼쪽을 십의 자리 수로, 오른쪽을 일의 자리 수로 바꿔 읽으면 27이지요.

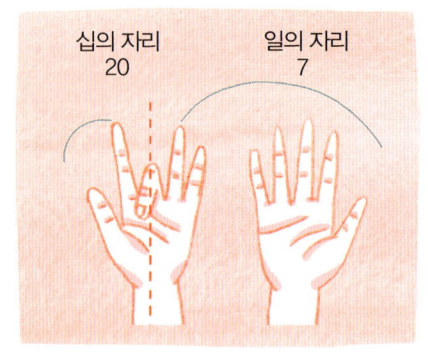

9의 단 곱셈구구에서 9×3은 27이니까 손가락으로 계산한 것과 결과가 같아요.

신기하지요? 손가락을 접고, 접은 손가락 양쪽에 있는 손가락 수를 각각 읽었을 뿐인데 9×3의 곱셈 결과가 나오니 말이에요.

손가락 곱셈법으로 9의 단 곱셈구구를 모두 해 볼까요?

9×1은 첫째 손가락을 접어서 계산해요. 왼쪽에는 편 손가락이 없고, 오른쪽에는 9개이므로 9예요. 9×2는 둘째 손가락을 접어서 계산해요. 편 손가락이 왼쪽에는 1개, 오른쪽에는 8개이므로 18이에요. 이런 식으로 9×9까지 계산해 보면 손가락을 이용한 곱셈 결과가 9의 단 곱셈구구와 같다는 것을 알 수 있어요.

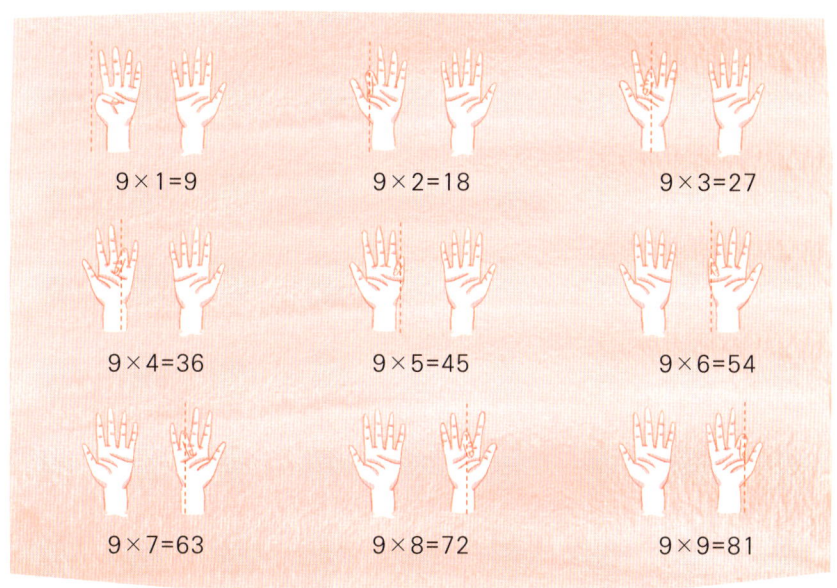

윤아의 동생은 손가락으로 곱셈을 한다는 것이 신기했어요. 작은 수끼리 곱할 때는 틀리는 법이 없는데, 수가 5보다 커지기만 하면 헷갈리기 일쑤였거든요.

"언니, 혹시 손가락으로 9의 단 곱셈구구 말고 다른 곱셈도 할 수 있어? 난 큰 수끼리 곱할 때 항상 헷갈리거든."

"응, 손가락으로 6 이상의 큰 수끼리 곱하는 방법을 알려 줄게."

"정말? 그럼 6×8은 어떻게 계산해?"

윤아의 말대로 손가락을 이용하면 6, 7, 8, 9끼리의 곱셈을 할 수 있어요. 이때는 한 손으로 6~9까지의 수를 나타내야 하니까, 곱셈하는 수는 5를 뺀 수만큼 손가락을 펴서 나타내요.

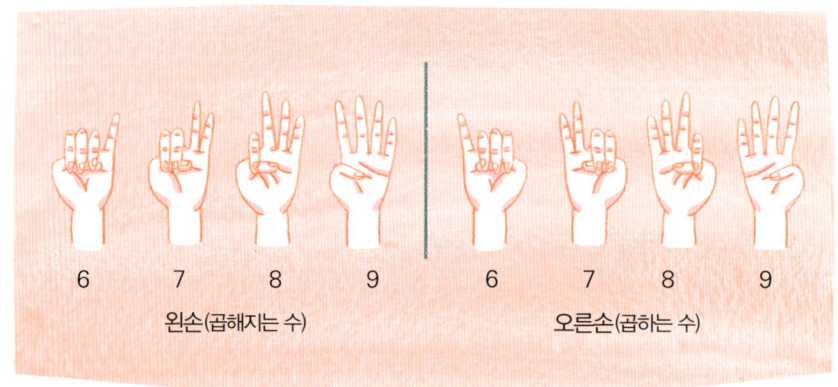

곱해지는 수는 왼손으로, 곱하는 수는 오른손으로 나타낸 다음, 편 손가락의 수는 서로 더하고, 접은 손가락의 수는 서로 곱해요. 편 손가락의 수의 합은 십의 자리 수, 접은 손가락의 곱은 일의 자리 수예요.

6×8을 계산해 볼까요?

왼손으로는 6, 오른손으로는 8을 나타내요. 왼손에 편 손가락 1개와 오른손에 편 손가락 3개를 더하면 4예요. 왼손에 접은 손가락 4개와 오른손에 접은 손가락 2개를 서로 곱하면 8이고요. 4를 십의 자리 수로, 8을 일의 자리 수로 읽으면 48이에요. 손가락으로 계산해도 6×8은 48이라는 값이 나오네요.

어때요, 신기하지요?

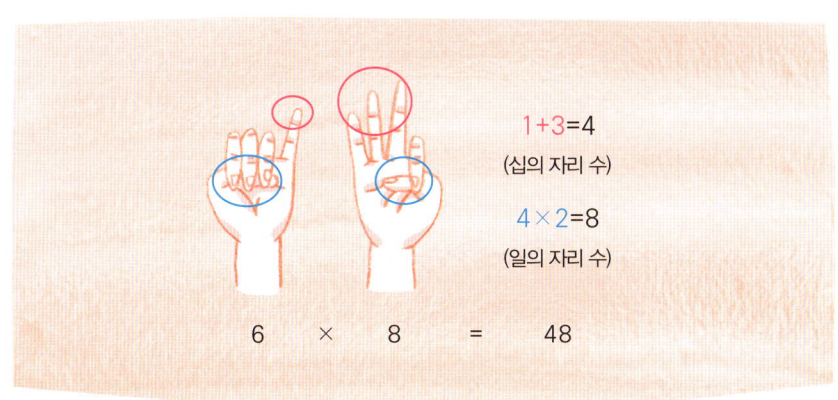

이번에는 6×6을 계산해 봐요. 왼손과 오른손 모두 6을 나타내요. 왼손에도 편 손가락이 1개, 오른손에도 편 손가락이 1개예요. 양손에서 편 손가락을 서로 더하면 1+1은 2이므로, 십의 자리 수는 2예요. 이제 일의 자리 수를 계산해 볼까요? 일의 자리 수는 양손에서 접은 손가락끼리 곱하면 돼요. 왼손에서 접은 손가락은 4개, 오른손에서도 접은 손가락은 4개이므로, 4×4 하면 16이에요. 일의 자리 수를 계산한 값이 두 자리 수가 나왔어요. 이때는 앞에서 계산한 십의 자리 수와 더하면 돼요. 20+16은 36이니까, 손가락으로 계산해도 6×6은 36이라는 값이 나오네요.

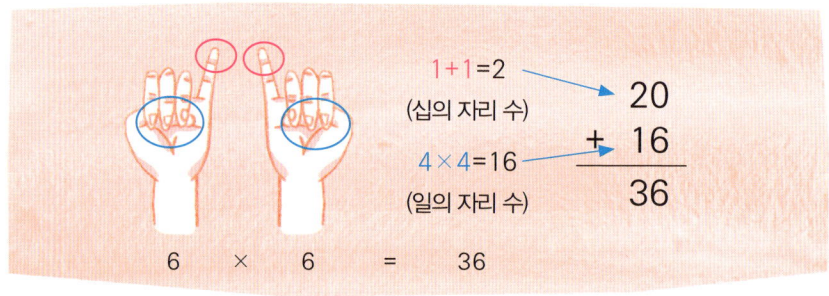

손가락으로 곱셈을 하는 방법은 이 방법 말고도 여러 가지예요. 손가락은 오랜 시간 동안 수를 세거나 표시하는 역할뿐 아니라 계산 도구로도 쓰였답니다.

10 나눈다는 건 무엇일까요?

포함과 등분

❓ 화가가 꿈인 네로는 할아버지께 멋진 그림을 선물하려고 날마다 열심히 그림을 그려요. 네로가 연필을 한 달에 2자루씩 쓴다면, 연필 12자루는 얼마 동안 쓸 수 있을까요?

연필 12자루에서 연필을 2자루씩 덜어 낸다고 생각해 보세요. 연필이 0자루가 될 때까지 덜어 내어 보는 거예요.

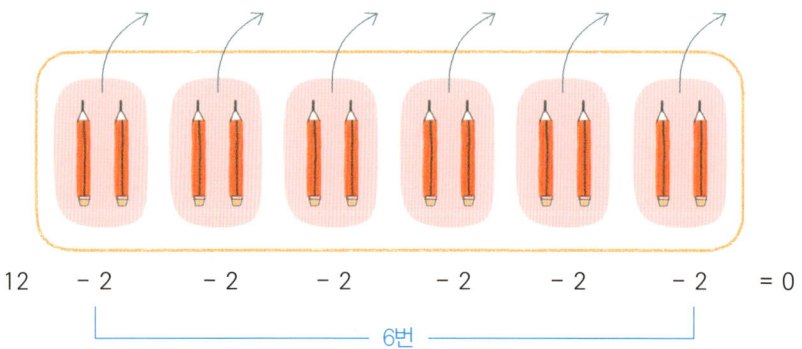

12에서 0이 될 때까지 2씩 빼면 6번을 뺄 수 있어요. 다시 말해, 12에는 2가 6번 포함되어 있어요. 네로는 연필 12자루를 한 달에 2자루씩 여섯 달 동안 쓸 수 있겠네요.

이처럼 어떤 수 안에 같은 양이 몇 번 포함되는지를 수로 계산해 보는 것이 '나눗셈'이에요.

12에 2가 6번 들어 있으므로, 나눗셈식으로 나타내면 12÷2=6이에요. 이때 12는 '나눠지는 수', 2는 '나누는 수', 6은 '몫'이라고 해요.

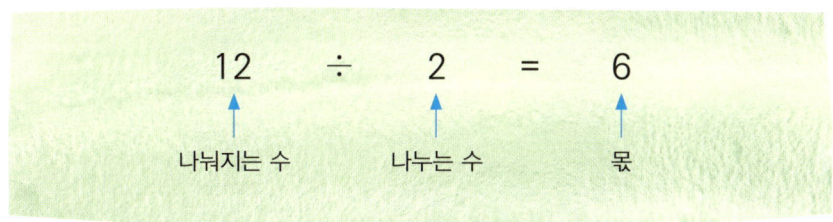

몫은 나눠지는 수 안에 나누는 수가 몇 번 포함되는지, 즉 묶음의 수를 나타내요. 몫이 6이니까 12에는 2가 6번 포함되어 있어요.

네로의 할아버지는 아침마다 우유를 배달해요. 네로는 할아버지를 돕기 위해 우유를 상자에 나눠 담지요. 오늘은 우유 24병을 8상자에 똑같이 나눠 담아야 해요. 1상자에 우유를 몇 병씩 담아야 할까요?

우유 24병을 8상자에 똑같이 담으려면 3병씩 나누면 돼요. 나눗셈식으로는 24÷8=3으로 나타낼 수 있지요.

이처럼 어떤 수를 똑같이 몇으로 나누었을 때 한 묶음의 크기가 얼마인지 알아보는 것도 나눗셈이에요. 똑같이 나눈다는 뜻으로 '등분'이라고 하지요. 이때는 몫이 한 묶음의 크기를 나타내요.

네로가 오늘도 우유를 상자에 나눠 담고 있어요.

"네로야, 오늘은 우유 14병을 4상자에 나눠 담으렴."

네로는 1상자에 우유를 몇 병씩 담아야 하는지 계산을 했어요. 그런데 한참을 끙끙거리며 계산을 해도 알 수가 없었지요.

"할아버지, 우유를 상자에 똑같이 나눠 담을 수가 없어요."

네로의 말이 맞아요. 만약 우유가 4병이면 4상자에 똑같이 1병씩 나눠 담으면 돼요. 8병이면 2병씩, 12병이면 3병씩, 16병이면 4병씩 나눠 담으면 되지요. 그런데 네로는 우유를 14병 가지고 있어요. 4상자에 3병씩 나눠 담으면 2병이 남고, 4병씩 나눠 담으려면 2병이 모자라요.

　14를 4로 나누면 몫이 3이 되고 2가 남는 거예요. 이처럼 남는 수를 '나머지'라고 하고, 남는 수가 있는 경우를 '나누어 떨어지지 않는다'고 해요. 나머지는 몫 뒤에 '⋯' 기호를 붙여서 나타내지요.

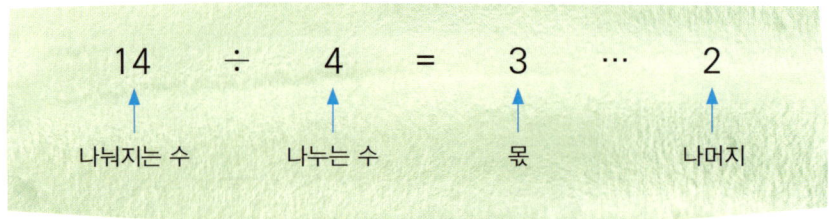

　그런데 앞에서 계산한 12÷2=6이나 24÷8=3처럼 남는 수가 없는 경우도 있어요. 이렇게 나머지가 없으면 '나머지가 0'이라고 하고, '나누어 떨어진다'고 말하지요.

11. 곱셈과 나눗셈은 거꾸로 하는 계산이에요

곱셈과 나눗셈의 관계

❓ 윤후가 길이가 똑같은 블록 6개를 이어서 다리를 만들었어요. 다리의 전체 길이는 72cm예요. 블록 하나는 몇 cm인가요?

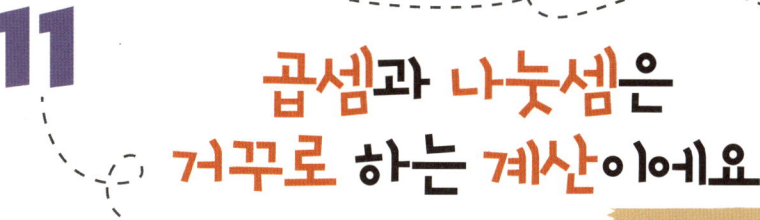

블록 하나의 길이는 모르지만 6개를 이었더니 72cm가 되었어요. 같은 수를 여러 번 더하는 건 곱셈이니까 블록 하나의 길이를 □로 나타내어 곱셈식을 만들 수 있지요.

□ × 6 = 72

이제 이 곱셈식은 어떻게 계산할까요? □가 들어 있던 뺄셈식을 어떻게 계산했는지 떠올려 보세요. 맞아요. 덧셈과 뺄셈을 서로 거꾸로 계산했던 것처럼 곱셈은 나눗셈으로 거꾸로 계산하면 돼요.

같은 수를 여러 번 더하는 것은 곱셈, 같은 수를 여러 번 빼는 것은 나눗셈이니까 곱셈이 덧셈이라면 나눗셈은 뺄셈인 셈이지요. 그러니까 덧셈과 뺄셈처럼 곱셈과 나눗셈도 서로 반대예요.

자, 곱셈식을 나눗셈식으로 바꾸어 볼까요?

'□씩 6이 72'라는 건 '72를 6으로 나누면 □'라는 뜻이에요.

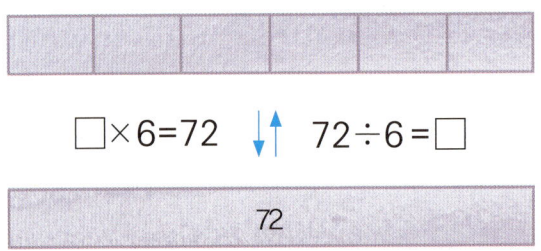

따라서 곱셈식 □×6=72는 나눗셈식 72÷6=□로 바꿀 수 있어요. 72÷6은 12니까, □는 12예요. 즉, 블록 하나의 길이는 12cm예요.

곱셈식을 나눗셈식으로 바꿀 때 하나의 곱셈식은 두 개의 나눗셈식으로 나타낼 수 있어요.

$$12 \times 6 = 72 \begin{cases} 72 \div 6 = 12 \\ 72 \div 12 = 6 \end{cases}$$

하나의 나눗셈식도 두 개의 곱셈식으로 나타낼 수 있고요.

$$72 \div 6 = 12 \begin{cases} 12 \times 6 = 72 \\ 6 \times 12 = 72 \end{cases}$$

이런 곱셈과 나눗셈의 관계는 나눗셈을 검산할 때 쓸모가 있어요. '검산'은 계산이 바르게 되었는지 확인하는 거예요. 나눗셈식을 곱셈과 덧셈이 있는 검산식으로 바꾸어 다시 계산을 해 보면 계산이 바른지 알 수 있어요.

나눗셈식 : 나눠지는 수 ÷ 나누는 수 = 몫 ⋯ 나머지

검산식 : 나누는 수 × 몫 + 나머지 = 나눠지는 수

나눗셈식 25÷8을 계산하고 값이 바른지 검산해 볼까요?

$$8\overline{)25} \quad \begin{array}{r} 3 \cdots 1 \\ \underline{24} \\ 1 \end{array} \qquad 25 \div 8 = 3 \cdots 1$$

25÷8을 계산하면 몫이 3, 나머지가 1이에요. 검산식을 만들면 8×3+1이지요. 검산식을 계산해 보면, 8×3은 24이고, 24에 1을 더하면 25가 나와요. 계산이 바르게 되었다는 것을 알 수 있지요.

나눗셈식 : 25 ÷ 8 = 3 ⋯ 1
검산식 : 8 × 3 + 1 = 25

12. 곱셈과 나눗셈을 쉽게 도와주는 막대가 있어요

계산 막대

❓ 17세기에 네이피어라는 수학자가 아래 그림과 같은 막대를 만들어 사용했어요. 이 막대들은 무엇에 쓰는 걸까요?

예전에는 전자계산기가 없었기 때문에 계산을 빨리 하는 게 어려웠어요. 그래서 네이피어가 계산을 도우려고 도구를 만들었지요.

네이피어의 계산 막대

네이피어가 만든 계산 막대는 긴 막대 10개와 막대를 놓는 판으로 이루어져 있어요. 긴 막대에는 0의 단부터 9의 단까지의 곱셈구구가 쓰여 있지요. 예를 들어, 가장 위에 4라고 쓰여 있는 막대는 4의 단 곱셈구구를 나타내요. 4에 1부터 9까지를 곱한 값인 4, 8, 12, 16, 20, 24, 28, 32, 36이 쓰여 있지요.

막대를 놓는 판의 왼쪽에는 1부터 9까지의 수가 쓰인 기본 막대가 있어 몇을 곱하는지 알려 주어요.

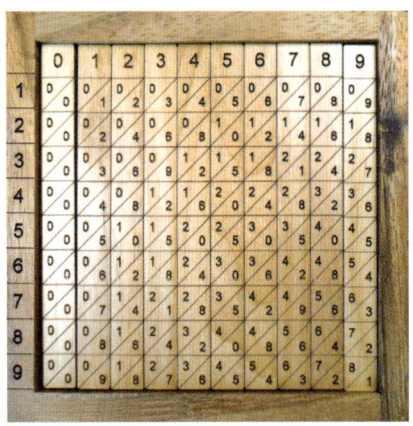

4×1=
4×2=
4×3=
4×4=
4×5=
4×6=
4×7=
4×8=
4×9=

그럼 네이피어의 계산 막대로 376×4를 계산해 볼까요?

먼저 376에 해당하는 3, 7, 6 막대를 골라 기본 막대 옆에 나란히 놓아요.

기본 막대에서 곱하는 수인 4를 찾아 가로 줄에 쓰인 수를 확인해요. 격자의 대각선을 따라 같은 위치에 있는 수를 더해요.

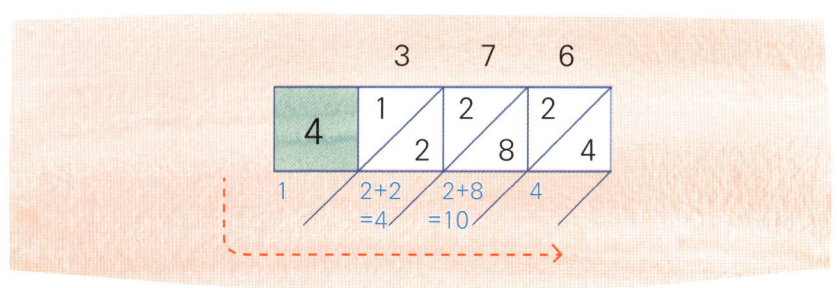

더한 수를 위에서부터 ㄴ 자 모양으로 차례대로 써요.

1　　4　　10　　4

십의 자리가 있는 수는 십의 자리 수를 바로 앞의 수와 더해요.

1　4+1　0　4

남아 있는 수를 차례대로 쓰면 곱셈식 376×4의 값이 돼요.

1504 = 376 × 4

그런데 어떻게 네이피어의 계산 막대로 계산하면 곱셈값이 나오는 걸까요? 376×4를 세로셈으로 계산했을 때와 네이피어의 계산 막대로 계산했을 때를 비교해 봐요.

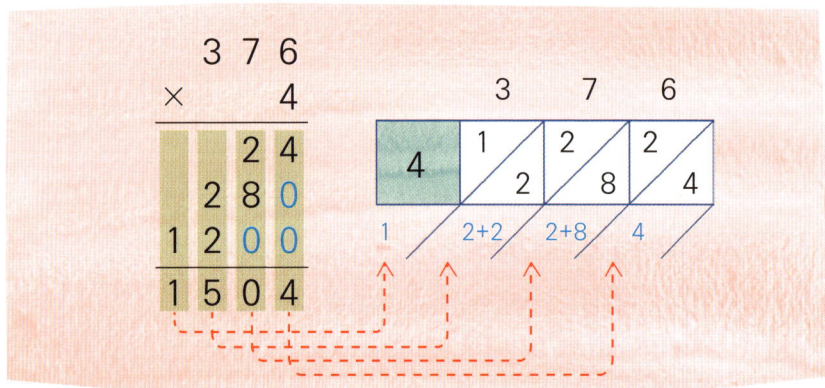

세로셈에서 일의 자리 수끼리의 덧셈인 4+0+0=4는 계산 막대에서 일의 자리에 있는 4와 같아요. 세로셈에서 십의 자리 수끼리의 덧셈인 2+8=10은 계산 막대에서 십의 자리에 있는 2+8=10과 같아요. 마찬가지로 세로셈에서 백의 자리 수끼리의 덧셈인 2+2+(1)=5는 계산 막대에서 백의 자리에 있는 2+2+(1)=5와 같고, 세로셈에서 천의 자리 수 1 또한 계산 막대에서 천의 자리에 있는 1과 같아요.

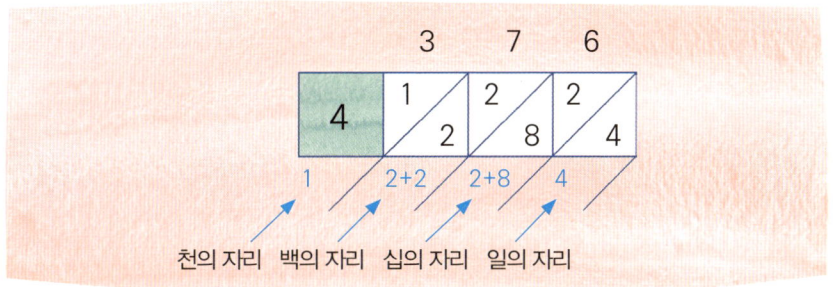

　네이피어의 계산 막대는 격자 곱셈법을 바탕으로 만들어졌어요. 그래서 덧셈을 이용해 곱셈을 계산하지요.

　즉, 네이피어의 계산 막대는 3×4, 7×4, 6×4의 계산 결과를 자릿수에 맞춰 더하도록 만든 거예요. 그래서 오늘날 우리가 세로셈으로 계산하는 곱셈 결과와 같은 결과를 얻을 수 있지요.

네이피어의 계산 막대로 곱셈뿐 아니라 나눗셈도 계산할 수 있어요. 나눗셈과 곱셈은 서로 반대니까, 나눗셈을 할 때는 나눠지는 수가 아니라 나누는 수에 해당하는 막대를 이용해요.

376÷4를 계산해 볼까요?

나눗셈이므로 나눠지는 수 376이 아니라 나누는 수 4에 해낭하는 막대를 골라 기본 막대 옆에 나란히 놓아요.

1단계는 4의 막대에서 37을 넘지 않는 수를 찾는 거예요. 37보다 작은 수 중에서 가장 큰 수를 찾으면 돼요. 37은 나눠지는 수 376의 앞쪽 두 자리 수 370을 의미해요. 4의 막대에서 37을 넘지 않는 수는 36이에요. 4의 막대에 쓰인 36은 기본 막대의 9와 짝이지요.

2단계는 1단계에서 찾은 36을 376에서 빼는 거예요. 이때는 376과 자릿수를 맞추기 위해 36에 10을 곱해 360을 빼요. 376-360은 16이므로, 이번에는 4의 막대에서 16을 넘지 않는 수를 찾아요. 16이 있네요. 4의 막대에 쓰인 16은 기본 막대의 4와 짝이지요.

3단계는 2단계에서 찾은 16을 남아 있던 16에서 빼는 거예요. 16-16은 0이므로, 나머지가 없네요. 나눗셈이 끝났어요.

이제 1단계와 2단계에서 찾은 기본 막대의 수를 차례로 적으면 몫이 나와요. 1단계에서는 9, 2단계에서는 4를 찾았으므로 몫은 94예요. 3단계에서 나머지는 0이 되었으므로, 376÷4를 계산하면 몫은 94, 나머지는 0이네요.

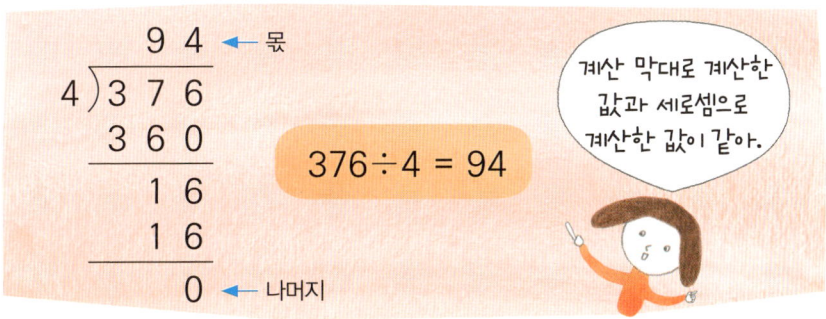

네이피어 계산 막대는 전자계산기가 만들어지기 전까지 많은 사람들이 들고 다니며 계산에 이용했어요. 특히 아주 큰 수의 곱셈도 쉽게 할 수 있어서 장사꾼들에게 인기가 많았지요.

지금은 전자계산기가 발달했기 때문에 네이피어 계산 막대는 계산할 때보다 곱셈과 나눗셈의 계산 원리를 배우는 수학 놀이 도구로 많이 쓴답니다.

13 순서를 바꿔서 계산해도 될까요?

교환 법칙

❓ 아이들이 쉬는 시간에 무리지어 화장실에 갔어요. 첫 번째 쉬는 시간에는 4명, 3명, 2명씩 차례로 갔고, 두 번째 쉬는 시간에는 2명, 4명, 3명씩 차례로 갔어요. 첫 번째 쉬는 시간과 두 번째 쉬는 시간에 화장실에 간 아이들의 수는 같을까요, 다를까요?

첫 번째 쉬는 시간

두 번째 쉬는 시간

화장실에 간 아이들의 수는 첫 번째 쉬는 시간과 두 번째 쉬는 시간 모두 9명으로 같아요.

첫 번째 쉬는 시간에는 아이들이 4명, 3명, 2명씩 차례로 화장실에 갔어요. 덧셈식으로 나타내면 4+3+2=9예요. 두 번째 쉬는 시간에는 아이들이 2명, 4명, 3명씩 차례로 화장실에 갔어요. 덧셈식으로 나타내면 2+4+3=9예요.

첫 번째 쉬는 시간에 화장실에 간 아이들의 수 : 4+3+2=9
두 번째 쉬는 시간에 화장실에 간 아이들의 수 : 2+4+3=9

두 덧셈식을 보면 수의 순서는 다르지만, 결과는 9로 같아요. 즉, 덧셈에서는 수의 순서를 바꾸어 계산해도 결과가 같다는 것을 알 수 있어요.

4+3+2=2+4+3=9

이처럼 수의 순서를 바꾸어 계산해도 결과가 같은 것을 '교환 법칙'이라 해요. 덧셈은 교환 법칙이 성립하는 거예요.
그런데 덧셈은 왜 교환 법칙이 성립할까요?

자연수는 1, 2, 3, 4, 5……로 끝없이 이어져요. 자연수는 1에서 1씩 더해서 만들어지는 수이거든요.

$$1$$
$$1+1=2$$
$$1+1+1=3$$
$$1+1+1+1=4$$
$$1+1+1+1+1=5$$

즉, 모든 자연수는 1의 합으로 나타낼 수 있어요.

$$5=1+1+1+1+1$$
$$4=1+1+1+1$$
$$3=1+1+1$$
$$2=1+1$$

첫 번째 쉬는 시간에 화장실에 간 아이들의 수를 구하는 덧셈식 4+3+2를 1의 합으로 나타내 볼까요?

$$4+3+2=(1+1+1+1)+(1+1+1)+(1+1)$$

다음은 두 번째 쉬는 시간에 화장실에 간 아이들의 수를 구하는 덧셈식 2+4+3을 1의 합으로 만들어 봐요.

$$2+4+3=(1+1)+(1+1+1+1)+(1+1+1)$$

4+3+2이든 2+4+3이든 1을 9번 더한 것은 똑같아요. 따라서 덧셈은 수의 순서를 바꾸어 계산해도 그 값이 같아요.

수학자 가우스가 어렸을 때 있었던 일이에요. 하루는 선생님이 학생들에게 문제를 냈어요.

"1부터 100까지의 수를 모두 더하면 얼마인지 계산해 보세요."

선생님은 문제가 어려워 푸는 데 시간이 많이 걸릴 거라 생각했어요. 선생님의 예상대로 아이들은 낑낑거리며 문제를 풀었지요. 그런데 가우스는 아주 쉽게 정답을 맞혔답니다. 가우스는 문제를 어떻게 풀었을까요?

만약 여러분이라면 이 문제를 어떤 방법으로 풀 건가요? 그냥 1부터 100까지의 수를 차례로 더한다고요? 그건 가장 단순한 방법이라 시간이 꽤 많이 걸리고 헷갈리기 쉬워요. 생각을 바꿔 보세요. 덧셈은 교환 법칙이 성립하니까 순서대로 계산할 필요가 없어요. 가우스도 덧셈의 교환 법칙을 이용해 문제를 풀었답니다.

간단하게 1부터 10까지의 수를 더해 볼까요? 처음의 수 1과 마지막의 수 10을 더하면 11이에요. 2와 9를 더해도 11이고요. 이런 식으로 5와 6까지 더해 보면 모두 11이지요. 똑같은 수 11이 5개니까 11×5 하면 1부터 10까지의 합은 55가 돼요.

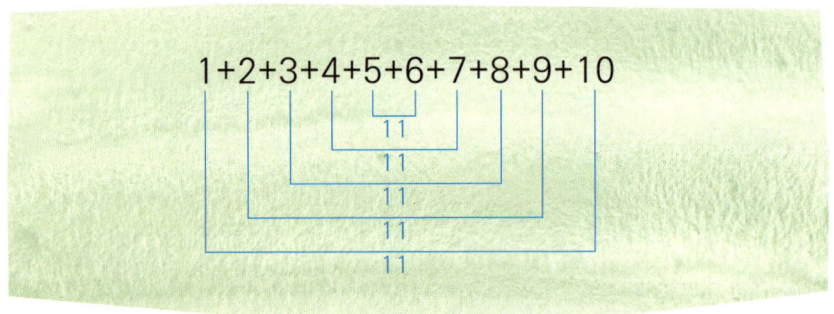

같은 방법으로 1부터 100까지 수의 합도 구할 수 있어요.

1과 100을 더하면 101이에요. 2와 99를 더해도 101이고요. 이런 식으로 50과 51까지 더해 보면 모두 101이지요. 똑같은 수 101이 50개니까 101×50 하면 1부터 100까지의 합은 5050이 돼요.

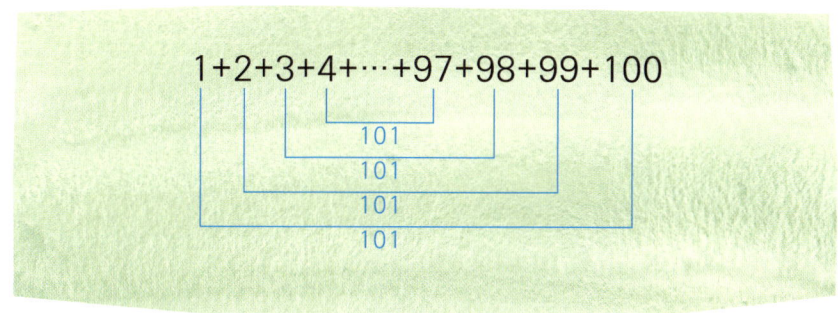

복잡해 보이는 덧셈이라도 똑같은 수가 반복되는 규칙을 찾으면 빠르게 계산할 수 있어요.

그런데 덧셈과 반대인 뺄셈도 교환 법칙이 성립할까요?

아니요. 뺄셈은 교환 법칙이 성립하지 않아요. 뺄셈은 빼어지는 수와 빼는 수의 순서를 바꾸어 계산하면 결과가 달라지거든요. 예를 들어 뺄셈식 4-3을 계산하면 결과가 1이지만, 3-4는 계산할 수가 없어요. 서로 결과가 다르게 나오지요.

$$4-3 \neq 3-4$$

뺄셈은 수의 순서를 바꾸면 계산 결과가 달라지기 때문에 순서를 바꾸어서 계산하면 안 돼요.

두 모둠의 아이들이 화단에 꽃을 심으려고 해요. 그런데 땅 모양이 직사각형이라 꽃을 어떻게 심어야 할지 고민이에요.

"여러 줄을 심으면 꽃을 더 많이 심을 수 있으니까, 가로 1줄에 3송이씩 세로로 5줄을 심자."

"아니야, 한 줄에 여러 송이를 심으면 꽃을 더 많이 심을 수 있어. 가로 1줄에 5송이씩 세로로 3줄을 심자."

아이들은 서로 자기 모둠의 방법대로 해야 꽃을 더 많이 심을 수 있다고 다퉜어요. 시간이 지나도 결론이 나지 않자 선생님께 어느 쪽 말이 맞는지 결정해 달라고 했지요.

과연 어느 모둠의 방법을 따라야 꽃을 더 많이 심을 수 있을까요? 결과는 서로 같아요. 화단의 가로와 세로의 위치를 바꾸어서 꽃을 심는 거니까요.

한번 숫자로 계산해 볼까요? 꽃을 1줄에 3송이씩 5줄을 심는 것을 곱셈식으로 나타내면 3×5이니까 15송이를 심을 수 있어요. 꽃을 1줄에 5송이씩 3줄을 심는 것을 곱셈식으로 나타내면 5×3이니까 15송이를 심을 수 있고요.

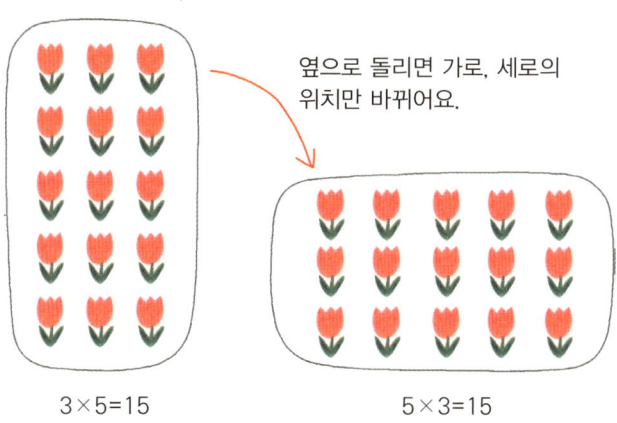

옆으로 돌리면 가로, 세로의 위치만 바뀌어요.

3×5=15　　　5×3=15

두 곱셈식을 보면 수의 순서는 다르지만, 결과는 15로 같아요. 가로와 세로의 위치를 바꾸어서 꽃을 심어도, 심을 수 있는 꽃의 수는 15송이로 같은 거예요. 즉, 곱셈도 덧셈처럼 수의 순서를 바꾸어 곱해도 결과가 같다는 것을 알 수 있어요. 곱셈도 교환 법칙이 성립하는 거예요.

$$3 \times 5 = 5 \times 3 = 15$$

그런데 곱셈은 왜 교환 법칙이 성립할까요? 곱셈은 같은 수를 여러 번 더한 거니까 덧셈을 하는 것과 같아요. 덧셈이 교환 법칙이 성립하니까 당연히 곱셈도 교환 법칙이 성립하지요.

그럼 나눗셈은 어떨까요? 나눗셈은 같은 수를 여러 번 빼는 거니까 뺄셈을 하는 것과 같아요. 뺄셈이 교환 법칙이 성립하지 않으니까 당연히 나눗셈도 교환 법칙이 성립하지 않지요.

나눗셈은 나눠지는 수와 나누는 수의 순서를 바꾸어 계산하면 전혀 다른 결과가 나와요. 예를 들어 아이스크림 8개를 아이 4명에게 똑같이 나누어 주려면 한 사람에게 아이스크림 2개씩을 주어야 하지만, 아이스크림 4개를 아이 8명에게 똑같이 나누어 주려면 한 사람에게 아이스크림 반 개씩을 주어야 해요. 서로 결과가 다르게 나오지요.

 덧셈과 곱셈은 수의 순서를 바꾸어 계산해도 결과가 같지만, 뺄셈과 나눗셈은 수의 순서를 바꾸어 계산하면 결과가 달라지기 때문에 함부로 순서를 바꾸어서 계산하면 안 된다는 걸 꼭 기억하세요.

14 왜 덧셈보다 곱셈을 먼저 계산할까요?

혼합 계산의 계산 순서

❓ 수현이와 범준이가 덧셈과 곱셈이 섞여 있는 계산식을 풀었어요. 그런데 계산 결과가 서로 다르네요. 누가 정답일까요?

계산 결과는 범준이가 맞아요. 같은 계산식을 풀었는데, 답이 다른 건 두 사람의 계산 순서가 달랐기 때문이에요.

수현이는 앞에서부터 차례로 계산했고, 범준이는 곱셈을 먼저 계산한 뒤 덧셈을 계산했어요.

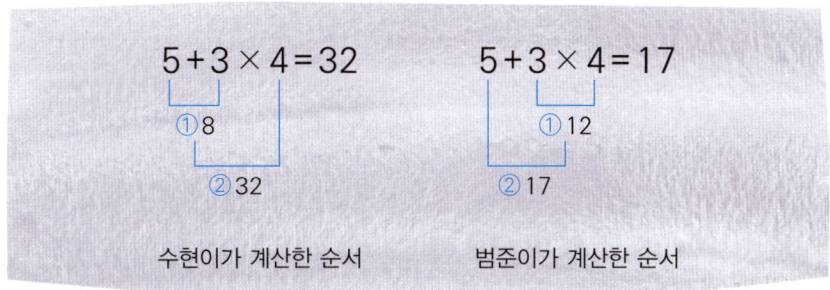

계산은 앞에서부터 차례로 하는 게 원칙이에요. 하지만 덧셈과 곱셈이 섞여 있는 식은 곱셈을 먼저 계산하고, 덧셈을 나중에 계산해야 해요. 범준이는 덧셈보다 곱셈을 먼저 계산했기 때문에 결과가 바르게 나온 거예요.

덧셈, 뺄셈, 곱셈, 나눗셈이 섞인 계산을 '혼합 계산'이라고 해요. 혼합 계산은 계산 순서가 정해져 있어요. '차례로 계산하기, 곱셈과 나눗셈 먼저 계산하기, 괄호 먼저 계산하기'를 지켜야 하지요.

첫째, 덧셈과 뺄셈만 섞여 있는 식이나 곱셈과 나눗셈만 섞여 있는 식은 앞에서부터 차례로 계산해야 해요.

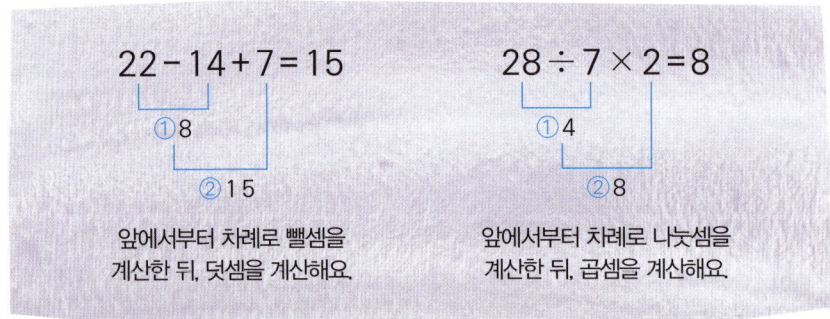

둘째, 덧셈, 뺄셈, 곱셈, 나눗셈이 섞여 있는 식은 곱셈과 나눗셈을 먼저 계산하고, 덧셈과 뺄셈을 나중에 계산해야 해요.

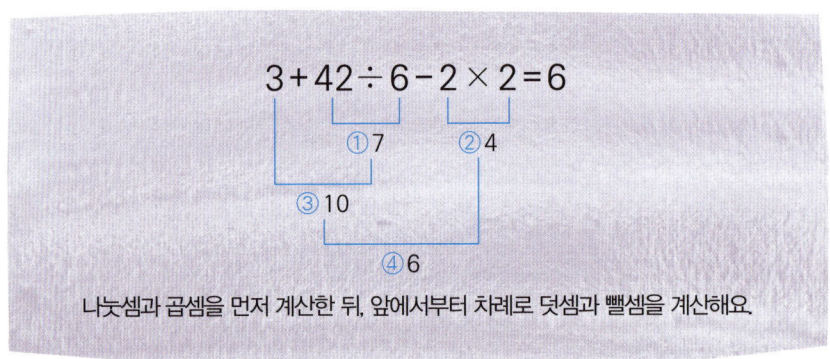

셋째, 괄호가 있는 식은 괄호 안을 가장 먼저 계산해야 해요. 괄호가 여러 개일 때는 소괄호 ( ) 안을 먼저 계산하고, 중괄호 { } 안을 계산해야 하지요.

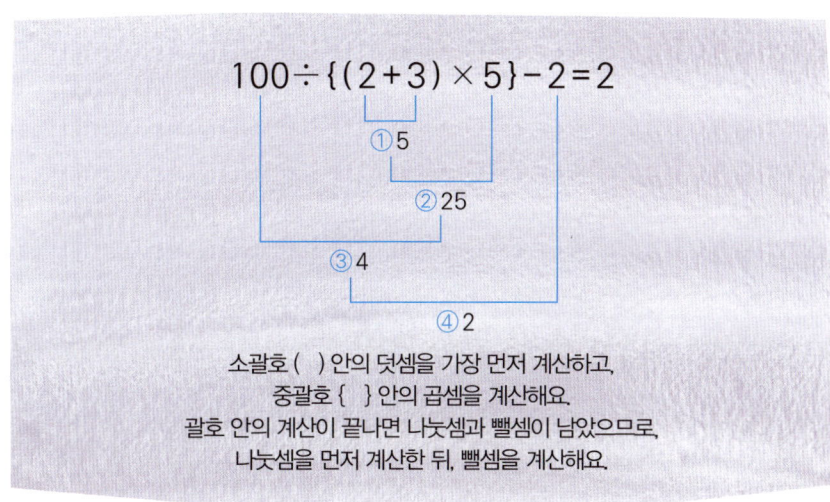

그런데 왜 덧셈보다 곱셈을 먼저 계산해야 할까요? 곱셈보다 덧셈을 먼저 하면 어떤 문제가 생기는지 알아봐요.

만약 저금통 안에 500원짜리 동전 1개와 100원짜리 동전 3개가 들어 있다면 모두 얼마일까요?

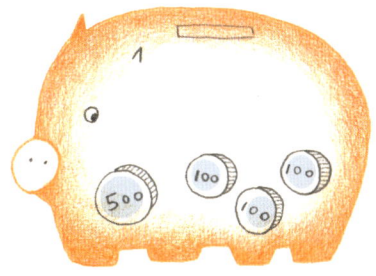

100원짜리 동전이 3개라고 했으니까 100×3에다 500을 더하면 돼요. 300+500은 800이니까 저금통 안에 들어 있는 돈은 800원이네요.

$$500+100\times3=800$$
① 300
② 800

그런데 덧셈을 먼저 계산하면 100원짜리 3개가 아니라 600원짜리 3개라는 의미가 돼요. 결국 저금통 안에 든 돈이 1800원이라는 잘못된 결과가 나오지요.

$$500+100\times3=1800$$
① 600
② 1800

이제 덧셈이나 뺄셈보다 곱셈이나 나눗셈을 먼저 계산해야 하는 까닭을 알겠죠? 혼합 계산을 할 때는 계산 순서가 바뀌면 계산 결과가 달라지니까 조심해야 한답니다.

15. 9를 이용해 검산할 수 있어요

구거법

❓ 윤후가 시험을 봤는데, 한 문제를 틀렸어요. 잘못 계산한 것은 몇 번일까요?

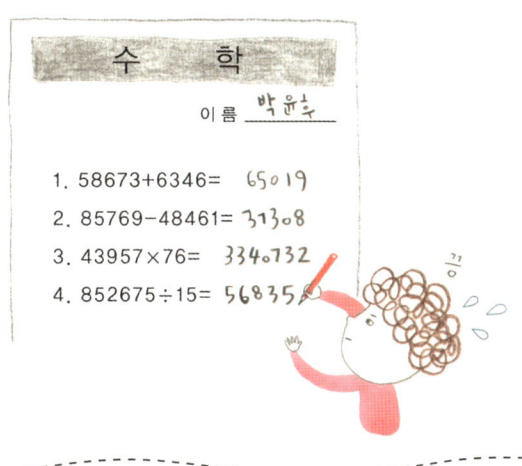

사람은 누구나 실수를 할 수 있기 때문에 계산을 하고 나면 검산을 해야 해요. 검산하는 방법은 여러 가지인데, 대부분 거꾸로 계산하는 방법을 써요. 덧셈은 뺄셈으로, 뺄셈은 덧셈으로, 곱셈은 나눗셈으로, 나눗셈은 곱셈으로 확인하는 거예요.

그런데 윤후가 계산한 문제는 '구거법'으로 쉽게 검산할 수 있어요. 구거는 '9를 버린다.'는 뜻으로, 9를 버리고 남은 수로 계산하는 방법이에요. 9를 버리려면 각 수를 9로 나누고, 나머지를 구해야 해요. 수를 일일이 9로 나누는 것은 너무 복잡하기 때문에 덧셈을 이용해 나머지를 구하면 돼요. 어떤 수를 9로 나눈 나머지는 각 자리 수의 합을 9로 나눈 나머지와 서로 같거든요.

예를 들어 4513을 가지고 9를 버려 볼까요?

4513의 각 자리 수를 모두 더하면 4+5+1+3이니까 13이에요.

13을 9로 나누면 나머지가 4예요. 즉, 4513을 9로 나눈 나머지도 4가 되는 거예요. 4513÷9를 세로셈으로 계산해 보면 나머지가

4인 걸 확인할 수 있어요.

9로 나눈 나머지를 구하는 또 다른 방법은 각 자리 수를 모두 더해서 한 자리 수로 만드는 거예요. 4513의 각 자리 수를 모두 더하면 13이고, 13의 각 자리 수를 모두 더하면 4가 돼요. 이번에도 4513을 9로 나눈 나머지는 4예요.

계산을 좀 더 쉽게 하려면 합해서 9가 되는 수를 먼저 버리고 나머지 자리 수들만 더하는 방법도 있어요.

4513에서 4와 5는 더해서 9가 되니까 버리고 1과 3만 더해요. 1+3은 4이니까 이번에도 4513을 9로 나눈 나머지는 4예요.

이제 구거법을 이용해서 윤후의 시험지를 검산해 볼까요?

❶번 계산식 58673+6346=65019에서 각 수를 9로 나눈 나머지는 2, 1, 3이에요. 나머지 수를 가지고 계산한 2+1=3이 맞으므로, 맞게 계산된 거예요.

원래 수	58673	+	6346	=	65019
각 자리 수의 합	5+8+6+7+3 =29		6+3+4+6 =19		6+5+0+1+9 =21
9로 나눈 나머지	2	+	1	=	3

❷번 계산식 85769-48461=37308에서 각 수를 9로 나눈 나머지는 8, 5, 3이에요. 나머지 수를 가지고 계산한 8-5=3이 맞으므로, 맞게 계산된 거예요.

원래 수	85769	−	48461	=	37308
각 자리 수의 합	8+5+7+6+9 =35		4+8+4+6+1 =23		3+7+3+0+8 =21
9로 나눈 나머지	8	−	5	=	3

❸번 계산식 43957×76=3340732에서 각 수를 9로 나눈 나머지는 1, 4, 4예요. 나머지 수를 가지고 계산한 1×4=4가 맞으므로, 맞게 계산된 거예요.

원래 수	43957	×	76	=	3340732
각 자리 수의 합	4+3+9+5+7 =28		7+6=13		3+3+4+0+7 +3+2=22
9로 나눈 나머지	1	×	4	=	4

❹번 계산식 852675÷15=56835에서 각 수를 9로 나눈 나머지는 6, 6, 0이에요. 나머지 수를 가지고 계산한 6÷6은 1이에요. 0이 아니므로, 잘못 계산된 거예요.

원래 수	852675	÷	15	=	56835
각 자리 수의 합	8+5+2+6+7 +5=33		1+5=6		5+6+8+3+5 =27
9로 나눈 나머지	6	÷	6	≠	0

검산을 해 보니 윤후는 ❹번 문제를 틀렸네요.

윤후가 구거법으로 검산을 해 봤다면 잘못 계산한 걸 금세 알아차렸을 텐데 아쉬워요. 그런데 구거법이 정확한 것은 아니에요. 구거법으로 검산해 틀린 결과가 나오면 그 계산은 틀린 게 확실하지만, 구거법으로 검산해서 맞게 계산되었다고 나오더라도 틀린 계산일 때가 종종 있거든요. 잘못 계산해서 나온 값이 우연히 바르게 계산한 값과 9의 배수만큼 차이가 나서 9로 나눈 나머지가 똑같을 수도 있기 때문이에요.

하지만 구거법을 쓰면 매번 덧셈을 뺄셈으로, 뺄셈을 덧셈으로, 곱셈을 나눗셈으로, 나눗셈을 곱셈으로 바꾸는 것보다는 훨씬 간단하고 빠르게 검산을 할 수 있어요.

구거법이 완벽하다고 믿지만 않는다면 구거법은 검산을 하는 데 제법 쓸모가 있답니다.

16 +, −, ×, ÷는 어떻게 만들어졌을까요?

연산 기호의 탄생

❓ 아래 식에서 P와 M이 뜻하는 연산 기호는 무엇일까요?

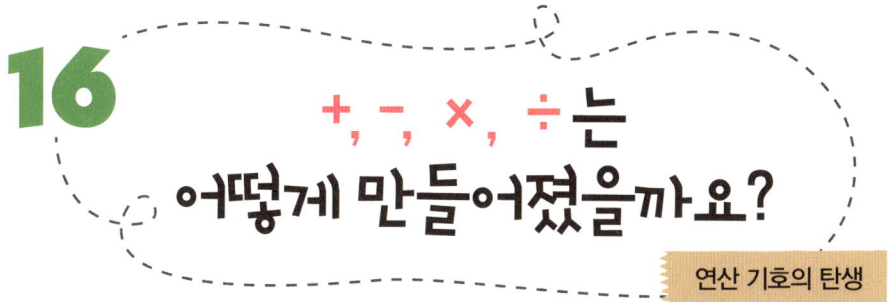

9+6=15, 7+2=9이므로 P는 덧셈 기호 '+'를 나타내고, 9−6=3, 7−2=5이므로 M은 뺄셈 기호 '−'를 나타내요.

지금으로부터 500년쯤 전에는 통일된 연산 기호가 없었어요. 수학자마다 자기에게 편한 연산 기호를 만들어 썼지요. 이탈리아의 수학자 파치올리는 더하기를 p, 빼기를 m으로 나타냈어요. p는 더 많다는 뜻의 'piu'의 첫 글자에서, m은 더 적다는 뜻의 'meno'의 첫 글자에서 따 온 거예요.

고대 그리스와 인도 사람들은 기호를 쓰는 대신 더하기는 숫자를 붙여 쓰고, 빼기는 숫자를 띄어 썼어요. 9+6은 '96', 9-6은 '9 6'으로 썼다고 해요. 쓰는 사람에 따라 글자 간격이 달라 헷갈렸겠지요?

그렇다면 지금 우리가 쓰고 있는 연산 기호 '+, -, ×, ÷'와 등호 기호 '='는 어떻게 만들어졌을까요?

가장 먼저 만들어진 기호는 덧셈 기호 '+'와 뺄셈 기호 '-'예요. 두 기호는 1489년에 독일의 수학자 비트만이 쓴 책에 처음으로 나오는데, 이때는 더하기, 빼기가 아니라 '많다'와 '적다'를 나타냈지요. 지금처럼 더하기, 빼기의 뜻으로 쓴 것은 1514년 네덜란드의 수학자 호이케가 처음이라고 해요.

덧셈과 뺄셈은 우리 생활에 많이 쓰이는 만큼 기호가 만들어진 유래도 여러 가지 이야기가 있어요.

옛날 선원들은 배 위에서 생활하기 때문에 물이 귀했어요. 그래

서 물이 얼마나 남았는지 알기 위해 물을 쓰고 나면 남은 물의 양을 물통에 표시했어요. 물통에 가로선 '−'를 그어 물높이를 표시했는데, 가로선을 보면 물이 얼마나 줄었는지 쉽게 알 수 있었어요. 거기서 뺄셈 기호 '−'가 나왔다고 해요. 그러다 물을 다시 채워 놓으면 가로선 위에 세로선(|)을 그었어요. 먼저 그은 가로선을 취소한다는 의미에서요. 거기서 덧셈 기호 '+'가 나왔다고 해요.

또 다른 이야기도 있어요. 예전에는 9 더하기 6을 '와' 또는 '그리고'를 뜻하는 라틴 어 'et'을 써서 '9 et 6'이라고 썼는데, et에서 e가 생략되고 t가 바뀌어 오늘날 '+'가 되었다고 하기도 해요.

'−'는 부족하다는 뜻의 'minus'의 첫 글자를 따서 m이라고 썼는데, m자를 흘려서 쓰다 보니 물결 모양(~)처럼 쓰다가 자연스럽게 '−'로 자리 잡게 되었다고도 해요.

또 유럽의 상인들이 사용하던 저울에서 '−'기호가 나왔다는 이야기도 있어요. 물건을 사고팔 때 양을 달아 보는 용도로 쓰던 저울에는 가로로 놓인 긴 막대자가 있었는데, 그 막대자의 모양에서 '−'기호가 나왔다는 거예요. 상인들은 계산을 많이 해야 했으니 꽤 믿음직한 이야기지요.

곱셈 기호 '×'는 1631년에 영국의 수학자 오트레드가 쓴 《수학의 열쇠》라는 책에 처음 나와요. 스코틀랜드 국기에 그려진 X자 모양의 성 안드레아 십자가를 본떠 만들었다고 해요. 처음에는 곱셈 기호 '×'가 미지수를 뜻하는 문자 '𝒳(엑스)'와 헷갈린다는 이유로 잘 쓰이지 않다가 19세기 후반부터 널리 사용되었대요.

나눗셈 기호 '÷'는 1659년에 스위스의 수학자 란이 쓴 책에 처

음 나와요. 기호가 어떻게 만들어졌는지는 알려지지 않았지만, 분수의 모양을 나타낸 거라고 추측하고 있어요. 옛날에는 나눗셈을 분수로 표시했거든요.

등호 기호 '='는 1557년에 영국의 수학자 레코드가 쓴 《지혜의 숫돌》이라는 책에 처음 나와요. 철로처럼 평행한 두 직선만큼 항상 똑같은 것은 없다는 생각에서 철로를 본떠 만들었다고 해요. 처음 만들어진 기호는 지금보다 더 길쭉한 모양이었는데 점점 짧아져서 요즘과 같은 모양이 되었어요.

17 계산을 좀 더 편하게 할 수 없을까요?

계산 도구의 발달

Q 아래 식을 계산하면 값이 얼마일까요? 직접 계산해 보며, 시간을 재어 보세요. 또 1분 안에 계산할 수 있는 방법도 생각해 보세요.

여러분이 계산한 결과는 어떻게 나왔나요? 계산 순서를 잘 지켜서 바르게 계산했다면 값이 25497이 나와야 해요. 맞았나요?

또 어떤 방법으로 계산했나요? 아마 종이에 숫자를 써 가며 하나씩 계산했을 거예요. 그런데 이 식은 덧셈, 뺄셈, 곱셈, 나눗셈이 모두 섞여 있어서 머리로만 계산하기 쉽지 않아요. 어느 하나라도 계산을 실수하면 결과가 잘못되고, 계산하는 데도 시간이 많이 걸리지요. 이럴 때는 전자계산기를 쓰면 아주 빠르고, 정확하게 계산할 수 있어요.

사람들은 아주 오랫동안 계산을 쉽고 편하게 하려고 노력했어요. 그래서 계산자나 계산 막대, 수판, 전자계산기 같은 다양한 도구를 만들어 냈지요. 이처럼 계산을 빠르고 정확하게 하기 위해 사용하는 도구를 통틀어 '계산기'라고 해요.

사람들이 가장 먼저 만들어 낸 계산기는 수판이에요. 흔히 '주판'이라고 부르지요. 수판은 기원전 3천 년쯤에 바빌로니아 사람들이 만들어 냈어요. 평평한 판이나 바닥에 모래를 뿌리고 여러 개의 줄을 그은 다음, 그 줄 위에 작은 돌을 올려놓으며 계산을 했지요. 각 줄은 1, 10, 100 등의 자릿수를 나타내는 거예요.

기원전 100년쯤에는 로마에서 휴대용 수판이 만들어졌어요. 휴대용 수판은 계산판과 계산알로 이루어졌는데, 중국에서 가장 처음 만들어진 수판과 비슷하게 생겼어요. 계산판은 청동 같은 금속판

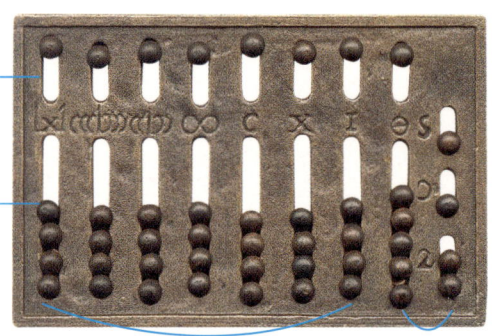

윗부분에는 구슬을 1개만 놓아요. 구슬 1개가 5를 나타내요.

아랫부분에는 구슬을 4개까지만 놓아요. 구슬 1개가 1을 나타내요.

왼쪽으로 갈수록 자릿수가 하나씩 커져요.

맨 끝에 있는 두 줄은 분수를 나타내요.

고대 로마의 휴대용 수판

위에 10개 정도의 홈이 세로로 곧게 파여 있고, 그 홈 위에 구슬처럼 생긴 계산알을 넣어 계산하는 거예요. 특히 로마는 학교에서 수판을 가르칠 정도로 수판 사용법이 발달했다고 해요.

중국에서는 기원전 200년쯤에 지금의 수판과 비슷한 모양의 수판이 만들어졌어요. 중국 수판은 가는 막대기인 꿰대와 가로로 긴 가름대가 있고, 꿰대마다 타원형인 수판알 7개가 꿰어져 있어요.

중국 수판은 수판알이 모두 꿰대에 꿰어져 있어 로마 수판과는 달리 수판알을 잃어버릴 염려도 없고, 들고 다니기도 편했어요.

중국의 수판이나 로마의 수판이나 구조가 아주 단순하지만, 10이 되면 윗자리로 올라가는 십진법을 사용하고, 수판알의 상대적인

윗부분에는 수판알이 2개 있어요. 수판알 1알이 5를 나타내요.

아랫부분에는 수판알이 5개 있어요. 수판알 1알이 1을 나타내요.

고대 중국의 수판

위치로 수의 크기를 나타내요. 규칙에 따라 수판알을 움직이면 덧셈과 뺄셈뿐만 아니라 곱셈과 나눗셈도 할 수 있지요.

수판은 수를 빠르게 계산할 수 있다는 장점 때문에 꽤 오랫동안 쓰였어요. 하지만 손으로 적어가며 계산하는 것과 달리 어떻게 계산을 했는지가 남지 않아서 계산 과정을 다시 보기가 힘들었어요.

또한 수판으로 셈을 하려면 연습을 많이 해야 해서 수판을 잘 다루지 못할 때는 손으로 써서 계산하는 게 더 나았어요.

기술이 발달하면서 사람들은 좀 더 나은 계산기를 만들기 시작했어요. 1642년, 프랑스의 수학자 파스칼은 처음으로 기계식 수동 계산기인 '파스칼린'을 만들었어요.

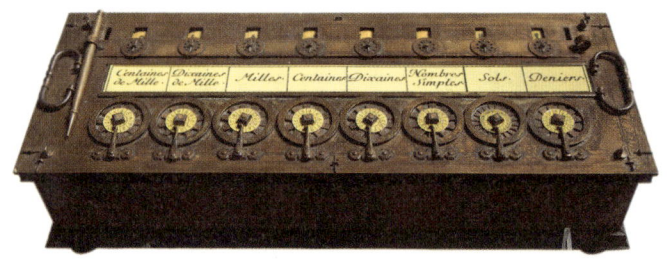

파스칼린

　파스칼린은 파스칼이 세금을 계산하느라 고생하는 아버지를 돕기 위해 만든 것으로 수를 입력하면 자동으로 덧셈과 뺄셈을 해 주는 기계예요. 덧셈을 하려는 수만큼 차례로 다이얼을 돌리면 통 안에 들어 있는 톱니바퀴가 돌아가면서 0~9까지의 숫자가 적힌 판을 돌려줘요. 작은 구멍으로 보이는 숫자가 계산 결과이지요. 통 안의 기계 조작을 반대로 해 놓으면 파스칼린으로 뺄셈도 가능하지만, 사용하기에는 번거로웠어요.

　이렇게 해서 최초의 계산기가 발명되었지만, 파스칼린은 곱셈과 나눗셈을 할 수 없었기 때문에 큰 관심을 받지는 못했어요. 그런데 1671년, 독일의 수학자 라이프니츠가 파스칼린을 고쳐서 곱셈과 나눗셈도 가능한 계산기를 만들었어요. 라이프니츠의 계산기는 많은 사람이 관심을 보였지요. 또 라이프니츠는 기계식 계산기와 관

련된 여러 가지 발명을 해서 전자식 컴퓨터의 기초를 마련했어요.

파스칼린과 라이프니츠의 계산기 이후, 현대의 과학 기술은 눈부신 발전을 거듭해 계산 도구도 옛날과는 비교할 수 없을 정도로 발달했어요.

요즘 우리가 많이 쓰고 있는 컴퓨터는 고도로 발달된 계산기예요. 우리는 날마다 컴퓨터로 많은 일을 하지요. 문서를 만들고, 게임을 하고, 인터넷을 통해 각종 정보를 얻어요. 컴퓨터가 이렇게 많은 일을 할 수 있는 건 어마어마하게 많은 양의 계산을 빠르게 처리하기 때문이에요.

결국 옛날이나 지금이나 모든 일의 기본은 수를 세고 계산하는 일이랍니다.

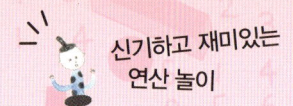

50 만들기

여러 개의 수를 자기만의 방법으로 계산해서 미리 정해 놓은 수와 가장 가까운 수를 만들어 보는 놀이예요. 놀이 방법을 잘 읽고, 친구들과 함께 수 만들기를 해 보세요.

놀이 방법

❶ 1~9까지의 수가 쓰인 숫자 카드를 만들어요.

| 1 | 2 | 3 | 4 | 5 | 6 | 7 | 8 | 9 |

❷ 가위바위보로 술래를 정하고, 술래가 숫자 카드 4장을 골라요.

| 2 | 4 | 7 | 9 |

❸ 술래가 아닌 사람은 술래가 고른 카드 4장에 쓰인 수를 더하거나 빼서 값이 50이 되는 계산식을 만들어요. 이때 두 자리 수나 세 자리 수로 만들어서 계산할 수도 있어요.

> 지환 : 49+7-2=54
> 정유 : 92-47=45
> 현민 : 79-24=55

❹ 각자 만든 식을 계산해서 값이 50과 가장 가까운 사람이 이기는 거예요. 지환이가 만든 계산식의 값이 50과 가장 가까워요. 그러니까 이번 게임에서는 지환이가 이긴 거예요.

놀이 방법에 익숙해지면 만들어야 하는 수를 10이나 30처럼 다른 수로 바꾸거나, 술래가 직접 정해 보세요. 또 덧셈, 뺄셈뿐만 아니라, 곱셈과 나눗셈까지 넣어서 계산식을 만들어 보세요.

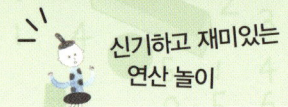

신기하고 재미있는 연산 놀이

포 포즈 퍼즐

'포 포즈(Four Fours)'는 4개의 숫자 4와 연산 기호(+, −, ×, ÷)를 포함한 수학 기호를 사용하여 1부터 100까지의 수를 만들어 내는 퍼즐이에요. 포 포즈 퍼즐로 0부터 9까지의 수가 나오는 계산식을 만들어 보세요.

놀이 방법

❶ 포 포즈 퍼즐을 푸는 특별한 방법은 없어요. 숫자들 사이에 연산 기호 (+, −, ×, ÷)를 여러 번 넣어 보면서 답을 찾으면 돼요.

$$4 \quad 4 \quad 4 \quad 4$$

❷ 먼저 숫자 사이에 덧셈 기호(+)와 뺄셈 기호(−)를 넣어서 계산한 값이 0이 되도록 계산식을 만들어 보세요.

$$4 + 4 - 4 - 4 = 0$$
$$4 - 4 + 4 - 4 = 0$$

❸ 숫자 사이에 곱셈 기호(×)와 나눗셈 기호(÷)를 넣어서 계산할 수도 있어요. 그런데 덧셈, 뺄셈, 곱셈, 나눗셈이 함께 있을 때는 꼭 곱셈과 나눗셈부터 계산해야 해요.

$$4 \times 4 - 4 \times 4 = 0$$
$$4 \div 4 - 4 \div 4 = 0$$

❹ 다음에는 계산한 값이 1이 되도록 계산식을 만들어 보세요.

$$4 \div 4 + 4 - 4 = 1$$
$$4 - 4 + 4 \div 4 = 1$$

❺ ( )를 넣어서 계산하는 순서를 바꿀 수도 있어요.

$$(4 + 4) \div (4 + 4) = 1$$
$$(4 \times 4) \div (4 \times 4) = 1$$

❻ 같은 방법으로 계산한 값이 2부터 9까지의 수가 나오는 계산식도 만들어 보세요.

0부터 9까지의 수를 만드는 방법은 여러 가지가 있어요. 더 많은 방법을 생각해 보세요. 또 1부터 100까지의 수 중에서 얼마나 많은 수를 만들 수 있는지 도전해 보세요.

$$(4 \times 4) \div (4 + 4) = 2$$
$$(4 + 4 + 4) \div 4 = 3$$
$$(4 - 4) \times 4 + 4 = 4$$
$$(4 \times 4 + 4) \div 4 = 5$$
$$(4 + 4) \div 4 + 4 = 6$$
$$4 + 4 - 4 \div 4 = 7$$
$$4 + 4 + 4 - 4 = 8$$
$$4 \div 4 + 4 + 4 = 9$$

4÷4+4÷4도 2를 만들어.

숫자 볼링

정해진 시간 안에 1부터 10까지의 수를 만들어서 그 수가 쓰인 볼링핀을 지우는 놀이예요. 주사위를 던져서 나오는 세 수를 잘 계산해 볼링핀을 많이 지워 보세요.

놀이 방법

❶ 주사위 3개와 볼링핀이 그려진 놀이판을 준비해요. 볼링핀은 4개, 3개, 2개, 1개의 순서로 그리고, 1부터 10까지 숫자를 써요.

❷ 주사위 3개를 동시에 던져요. 주사위를 던져서 나온 세 수를 계산해서 1부터 10까지의 수를 만들어요. 세 수는 한 번씩만 사용하고, +, −, ×, ÷, ( )는 여러 번 사용할 수 있어요. 만약 주사위의 수가 3, 4, 6이라면, 1, 2, 5, 6, 7, 8을 만들 수 있어요.

$$3+4-6=1,\ (3\times 4)\div 6=2,\ 6-(4-3)=5,$$
$$6\div(4-3)=6,\ 4+6-3=7,\ 4\times(6\div 3)=8$$

❸ 만든 수가 쓰인 볼링핀을 × 표시하여 지워요. 만약 주사위를 한 번 던져서 볼링핀 10개를 모두 지우면, '스트라이크'라고 해요.

❹ 볼링핀이 남아 있다면, 주사위 3개를 한 번 더 던져요. 주사위를 던져서 나온 새로운 수 3개를 이용해 다시 계산을 해요.

❺ 계산해서 나온 수로 남아 있던 볼링핀을 지워요. 남아 있던 볼링핀을 모두 지우면 '스페어'라고 해요.

❻ 이렇게 주사위를 2번 던진 뒤, 점수를 계산해요.
지운 볼링핀의 수만큼 점수를 얻는 거예요.
만약 볼링핀을 6개 지웠으면 6점이에요. 그런데 '스트라이크'일 때는 10점을 더 얻어서 20점, '스페어'일 때는 5점을 더 얻어서 15점이 돼요.

❼ 이런 방법으로 친구와 서로 번갈아가며 3번씩 게임을 한 뒤, 점수를 합해 점수가 더 높은 사람이 이기는 거예요.

볼링핀을 많이 지우려면 수를 많이 만들어야 해요. 어렵다고 금세 포기하지 말고 찬찬히 풀어 보세요. 계산식을 만들 때는 실수하지 않도록 종이에 써서 계산하는 게 좋아요.

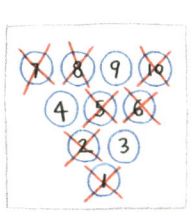

부모님께 드리는 글

개념과 원리에 강한 '수학하는 어린이'로 수학의 기본기를 탄탄하게 다져 주세요!

우리는 수학이 가득한 세상에 살고 있습니다. 그리고 우리 아이들은 어렸을 때부터 수학을 배우며 자랍니다. 교구로 놀이를 하면서 공간 감각을 익히고, 계단을 세며 오르내리면서 수 감각을 깨치고, 재미있는 수학 동화를 읽으며 수학에 대한 호기심과 친근함을 얻습니다.

이렇게 즐겁고 생생하게 접했던 수학은 고학년이 되어 숫자와 기호로 가득한 수학 문제들을 만나게 되면서 점점 지루하고 어려운 것으로 바뀌어 갑니다. 그런데 수학은 이야기, 교구, 실생활, 수학 문제 등 다양한 형태로 제시되어도, 기본이 되는 개념과 원리는 항상 같습니다. '수학하는 어린이'는 수학에서 가장 중요한 개념과 원리가 따로 떨어져 있는 것이 아니라 문제 해결, 실생활, 배경지식과 연계되어 있음을 우리 아이들에게 좀 더 친절하게 보여 주고자 합니다.

　먼저 개념을 함축하고 있는 문제를 제시해 아이들의 호기심을 불러일으킵니다. 그런 다음 문제에 담긴 개념을 풀이해 모든 문제는 개념이 바탕이 되어 있다는 것을 환기시킵니다. 마지막으로 다양한 소재의 짧은 에피소드를 통해 개념을 더욱 단단하고 풍부하게 다져 줍니다.

　역사, 문화, 자연 등 다양한 소재와 수학적 문제를 조화롭게 엮어 수학에 대한 흥미와 배경지식을 키워 주고, 수학의 개념과 원리를 쉽고 재미있게 이해할 수 있도록 도와주는 '수학하는 어린이'로 수학의 기본기를 탄탄하게 다질 수 있기를 바랍니다.

수학하는 어린이 ❺ 연산

초판 1쇄 발행 2016년 7월 25일 초판 2쇄 발행 2022년 6월 17일

글 박종주 그림 김성희 기획 신미희

펴낸이 이승현
편집3 본부장 최순영 **교양 학습 팀장** 김솔미 **편집** 김민정 조승현
디자인 박비주원 서인숙 **사진** 위키미디어 공용

펴낸곳 ㈜위즈덤하우스 **출판등록** 2000년 5월 23일 제13-1071호
주소 서울특별시 마포구 양화로 19 합정오피스빌딩 17층
전화 02) 2179-5600
홈페이지 www.wisdomhouse.co.kr **전자우편** kids@wisdomhouse.co.kr

ⓒ 박종주, 2016

ISBN 978-89-6247-746-7 74410
ISBN 978-89-6247-429-9(세트)

* 이 책의 전부 또는 일부 내용을 재사용하려면 반드시 사전에 저작권자와
  ㈜위즈덤하우스의 동의를 받아야 합니다.
* 인쇄·제작 및 유통상의 파본 도서는 구입하신 서점에서 바꿔드립니다.
* 책값은 뒤표지에 있습니다.